# 文庫解説ワンダーランド

斎藤美奈子
Minako Saito

岩波新書
1641

# 目　次

目　次

目　次

# 序にかえて ── 本文よりエキサイティングな解説があってもいいじゃない

## 文庫解説は何のためにある？

文庫本の巻末についている「解説」はなんのためにあるのだろう。

岩井克人『ヴェニスの商人の資本論』（ちくま学芸文庫／一九九二）の「あとがき」には、こんな文章がある。

本書の文庫化の申し出があったとき、〈わたしがいちばん危惧したのは、それにいわゆる「解説」というものが付けられてしまうのではないかということであった〉。

単行本から数年もたたずに文庫化された本の解説は〈著者への追従か、著者と解説者のあいだの仲間意識の再確認か、さらには解説者自身の小さな自我の発揚かのいずれか〉であり、優れた作品でも、解説のせいで〈現世的な世界にひきずりこまれ、書物が書物としてもっているべき自律性を失ってしまうことになる〉。

こうして他者による解説を拒否した岩井は、そのかわり自分で解説を書くと豪語するも、うまくいかずに途中で挫折。開き直りとも弁明ともつかぬ一文をつけ加えることになった。

〈たとえ「解説」という短い文章であるにせよ、なにか付加価値をもったもののほうが同じ市場で安い価格で売られるという事態は、いやしくも資本主義なるものについて論じている書物にかんしてあってはならないとわたしは思っている〉

読者を煙《けむ》に巻く、人を喰った解説論！『ヴェニスの商人の資本論』の大方の内容は忘れちゃったいまも（ごめん）、この部分だけは強烈に覚えている。

## 古典に求められる解説とは

ただ、解説拒否派の岩井でも、無条件に解説の必要性を認めているジャンルの文庫がある。〈古典の復刊や外国の出版物の翻訳〉である。異論のある人はまぁいないだろう。文庫解説ってものは、そもそもこういう本のために発明されたのだろうからね。

古典的書物の解説に求められる要素は大きく三つほど考えられる。

①テキストの書誌、著者の経歴、本が書かれた時代背景などの「基礎情報」。
②本の特徴、要点、魅力などを述べた読書の指針になる「アシスト情報」。

③以上を踏まえたうえで、その本のいま読む意義を述べた「効能情報」。

①はともかく、問題は②③である。難解すぎて「解説の解説が必要だ」のレベルだったり、「今日もなお本書の意義は失われていない」で終わりだったりする解説が多くない？

具体的に見てみよう。

カール・マルクス『ルイ・ボナパルトのブリュメール十八日』（一八五二。以下『ブリュメール』と略す）は次の書き出しで知られる歴史的名著である（原文は旧字。以下同様）。

〈ヘーゲルはどこかでのべている、すべての世界史的な大事件や大人物はいわば二度あらわれるものだ、と。一度目は悲劇として、二度目は茶番《ファルス》として、と〉

引用したのは岩波文庫版（伊藤新一＆北条元一訳／一九五四）。通常、私たちはヘーゲルを無視し、「歴史は二度くり返す、一度目は悲劇として、二度目は喜劇として」という箴言として記憶している。だが、この本は表題からして意味不明である。ルイ・ボナパルトって誰やねん。ブリュメール十八日って何やねん！

ルイ・ボナパルト（一八〇八～一八七三）は、誰もが知ってるあのナポレオン・ボナパルト（一七六九～一八二一）の甥。「ブリュメール十八日」は革命暦の「一一月一八日」で、ナポレオン・ボナパルトの軍事クーデターにより「フランス革命が終わった日」のこと。マルクスの同時代人にとっての「二・二六」「八・一五」「九・一一」等にも似た、誰もが意味を知っている象徴的な日付だった(らしい)。

ただし、ややこしいのは、この本がべつに「一二・一八」について書いているわけではないことである。文庫解説に頼って内容を要約すれば……。

〈本書『ルイ・ボナパルトのブリュメール十八日』は、わかりやすくいえば、「ルイ・ボナパルトのクーデター——フランス第二共和制衰滅史」ともいうべきもので、一八四八年二月革命によって成立した第二共和制が、一八五一年十二月二日のボナパルトのクーデターによって壊滅するまでの歴史をのべたものである〉(岩波文庫版解説)

はい、そういうこと。『ブリュメール』は「二度目の一一・一八(的な事件)」についての記録なのだ。でもさ、すぐにわかんないわけよ、それが。

もっとも岩波文庫の解説は、この種の解説としてはかなり親切な部類に属す。少なくとも国民文庫版(村田陽一訳/大月書店/一九七一)よりは。ただ、いかんせん、五〇年以上も前の解説なので、尺に合わなくなっている部分も多い。ことにマルクス主義的史的唯物論が過去の遺物と化し、説明なしに理解不能になってしまったのは決定的だろう。

そのためか、岩波文庫版および国民文庫版の『ブリュメール』はもう古書でしか読めなくなってしまった。

**まるで現代の話みたい**

というわけで、いま読める文庫は平凡社ライブラリー版『ルイ・ボナパルトのブリュメール18日[初版]』(植村邦彦訳／二〇〇八)だけ。訳者の「あとがき」による要約は次のごとし。〈男子普通選挙権を実現した共和制の下でルイ・ボナパルトのクーデタが可能となり、しかもこの独裁権力が国民投票で圧倒的な支持を獲得できたのはなぜなのか〉

ポイントは〈男子普通選挙権を実現した共和制の下で〉ってところ。さらに平凡社版は巻末に「表象と反復」と題された柄谷行人の付論がつく。解説の一般的な水準からいうと、この付論(解説)は「解説の解説が必要だ」のレベルだが、冒頭で柄谷は書く。

〈一九八〇年代の終わりに「共産主義体制」が崩壊し、(略)民主主義(議会制)と自由主義的市場経済の世界化による楽天的な展望が語られたとき、マルクスの『資本論』や『ルイ・ボナパルトのブリュメール18日』といった著作は最もその意味をなくしてしまったかのように見えた。しかし、これらの著作が鈍い、だが強い光彩をはなちはじめたのはむしろそのときからである〉

『ブリュメール』は〈一九三〇年代のファシズムにおいても、九〇年代以後の情勢においても貫徹するものをはらんでいる〉というのである。

〈ヒトラー政権はワイマール体制の内部から、その理想的な代表制のなかから出現した。(略)日本の天皇制ファシズムも一九二五年に法制化された普通選挙ののちにはじめてあらわれたのである〉

歴史はつまり、二度どころか三度も四度もくり返されたわけである！

ナポレオンの甥という以外には何のアピールポイントもなかったルイ・ボナパルト。彼は〈メディアによって形成されるイメージが現実を形成することを意識的に実践した最初の政治家だといってもよい〉。

ここまで読んで、私たちは忽然と思い当たる。

ここここ、これって、ほとんど二一世紀の日本じゃないの⁉

平凡社版の『ブリュメール』は一九九六年に太田出版から刊行された同書が底本。柄谷行人の付論も九五年に発表された論文に加筆したものだ。それなのに、まるで小泉純一郎政権の出現(二〇〇一)を予測していたかのような、この類似。

そして今日の第二次安倍晋三政権の発足(二〇一二)である。岸信介の孫という以外のアピールポイントはべつにないのに、三年で頓挫した民主党政権の後、圧倒的な支持を得て成立した安倍政権。特定秘密保護法の制定から集団的自衛権の行使容認、安保関連法の成立まで、そいつが暴走しまくっている歴史の反復。いやいや、日本だけではない。二〇一六年の米大統領選で、希代の不動産王ではあってもなんの政治的実績もないドナルド・トランプがまさかの勝利を収めたのも、まさに「ボナパルティズム」の再来だ。

先にあげた「解説の三要素」でいうと、柄谷の付論は③に特化した解説である。後世のファシズムと連結させたのは解説としては強引であろう。が、この強引な補助線がなければ、『ブリュメール』なんてたぶん絶対読まないし、ボナパルティズムと今日のポピュリズム政治の類似にも気づかなかっただろう。本文と解説の主従関係は、ときに逆転するのである。

**読者を覚醒させる「攻めの解説」**

よく似た例をもうひとつ。エティエンヌ・ド・ラ・ボエシ『自発的隷従論』(山上浩嗣訳/ちくま学芸文庫/二〇一三)。『ブリュメール』とは逆に、この本はタイトルだけで「読まねば!」と思わせる。自発的隷従という言葉自体が「二一世紀の日本」を想起させるからだ。

本文を、ちらっと拾い読みするだけでも、ほら、この通り。

〈ここで私は、これほど多くの人、村、町、そして国が、しばしばただひとりの圧政者を耐え忍ぶなどということがありうるのはどのようなわけか、ということを理解したいだけである。(略)その者が人々を害することができるのは、みながそれを好んで耐え忍んでいるからにほかならない〉

どうです。まるで「いま」でしょ。

ところが、著者のラ・ボエシ(一五三〇〜六三)は一六世紀フランスの無名の一官僚。なんと四五〇年も前の人物なのだ。モンテーニュの親友だったが、三二歳で夭折。『自発的隷従論』は彼が十代(一六歳とも一八歳とも)で書いたほとんど唯一の散文であり、彼自身は近代以前の君主制国家の忠実なる僕《しもべ》だったのである。

彼は権力の濫用による圧政は告発したが、暴動には批判的で、まして革命など考えもしなかった。この書が後年〈反体制運動の扇動者として祭り上げ〉られてきた歴史を検証しつつ、だから訳者・山上浩嗣の「解題」は読者の誤読をいましめる。この本は〈特定の政治的状況に対する反逆の書であるよりはむしろ、教義的・理論的な反省の書なのである〉と。

だがしかし、本書の価値もじつは巻末の付録にある。

『隷従論』を勝手に解釈した例としてシモーヌ・ヴェイユ(哲学者/一九〇九〜四三)とピエー

ル・クラストル（人類学者／一九三四〜七七）の論文をつけ、さらにはもう一発、監修者・西谷修の「解説」をプラス。付論の豪華三本立てである。

民衆の蜂起を促す書でなくても〈これが「危険」な文書でないということにはならない〉と西谷は述べ、現代の「自発的隷従」の例として、泉下のラ・ボエシもビックリ仰天な論を展開してみせる。たとえば本文の次のような部分。

〈人はまず最初に、力によって強制されたり、うち負かされたりして隷従する。だが、のちに現れる人々は、悔いもなく隷従するし、先人たちが強制されてなしたことを、進んで行うようになる〉

ここをとらえて西谷の解説いわく。

〈これが稀な「親米国家」形成とその持続の秘密ではないのか〉

日米地位協定にみる「対米追従」を「自然なもの」と考える日本の支配者とエリートを見よ。彼らは隷従を隷従とも思っていないじゃないか、と。

これこそ牽強付会な解説芸！　教養主義が解体し、古典の価値が暴落した今日、このくらい我田引水に「いま」と結びつけてもバチは当たるまい。古典のリサイクルを考えるなら、解説の要件③「効能情報」の先をいく「攻めの解説」があってもよいのだ。すなわち……。

④その本の新たな読み方を提案する「リサイクル情報」。

巻末の解説は文庫の付録、読者サービスのためのオマケである。しかし、人はしばしばオマケが欲しくて商品を買う。文庫解説もまた一個の作品。本文の家来ではない。家来じゃないなら、では何か。あえていえば伴走者だろう。

作品の陰に隠れ、これまであまりスポットが当たらなかった文庫解説の世界には、まだまだ意外なお宝が埋もれているかもしれない。未知なる国を、しばし探索してみることにしよう。

# I　あの名作に、この解説

## 1 夏目漱石『坊っちゃん』

# 四国の外で勃発していた解説の攻防戦

### はじめて出会う漱石文学

同じ作品が複数の文庫に収録されているケースは珍しくない。著作権が切れた名作文学ともなればなおさらだ。

その最たる例は夏目漱石『坊っちゃん』(一九〇六)だろう。文庫だけで軽く一〇種類は超えるはず。一般の文庫はもちろん、子ども向けの文庫にもたいてい収録されているからだ。『坊っちゃん』は人生ではじめて出会う漱石文学なのである。

あらすじは紹介するまでもないと思うけど、いちおう押さえておくと、『坊っちゃん』は「おれ」の語りで進行する一人称小説だ。

〈親譲りの無鉄砲《むてっぽう》で小供の時から損ばかりしている〉という有名な書き出しにはじまり、東京の物理学校を卒業後、「四国辺《しこくへん》の中学」に数学教師として着任した「おれ」が一騒動起こして学校を去り、下女の清《きよ》が待つ東京に戻るまでを描いている。

悪玉として登場するのは、校長の狸、教頭の赤シャツ、画学教師の野だいこ(野だ)。善玉は「おれ」といっしょに一暴れする、同じ数学教師で山嵐。そして婚約者のマドンナを赤シャツにとられた英語教師のうらなり君だ。

発表以来、痛快な勧善懲悪劇と受けとめられてきた『坊っちゃん』。がしかし、文庫解説の世界では、別のとらえ方がむしろ主流になりつつある。えっ、どこが？

## 『坊っちゃん』は悲劇だった⁉

新潮文庫(一九五〇／改版二〇〇三)と岩波文庫(一九二九／改版一九八九)から見てみよう。手元にある二〇一三年の版で、新潮は一四八刷、岩波は一一五刷。すごい！

新潮文庫の解説(一九七九)は文芸評論家の江藤淳。

江藤の解説は、明治文学の多くが読者を失ったなか、なぜ漱石だけが今日も読者に愛され続けているのか、という根本的な問いへの答えからはじまる。

第一に、近代の他の作家、たとえば坪内逍遥らが古い江戸的な感性を否定するところから出発したのに対し、漱石の特に初期の作品は彼らが切り捨てた江戸の感性を継承していたこと。

第二に、にもかかわらず(だからこそ?)、漱石は近代の影の部分に早くから気づき、近代を突き抜けた作家だったこと。

江藤はいう。〈過去の感受性と倫理観を保持しながら、漱石は「近代」の裏側にまで突き抜けている〉と。『坊っちゃん』は漱石の生得の言葉である純然たる江戸弁で書かれ、同時に勧善懲悪の伝統をためらうことなく復活させた。それは〈二十年前に坪内逍遥が『小説神髄』で説いた近代小説理論への反逆であり、近代以前の小説がその上に基礎を置いていた価値観への復帰である〉。しかしながら、漱石はまた、このような立場が無限に敗れつづける立場であることも熟知していた。

〈これでも元は旗本だ〉と啖呵を切る旧幕臣の出の坊っちゃんと、朝敵の汚名を着せられた「会津っぽ」の末裔である山嵐。〈このように、一見勝者と見える坊っちゃんと山嵐が、実は敗者にほかならないという一点において、一見ユーモアにみち溢れているように見える『坊っちゃん』全編の行間には、実は限りない寂しさが漾《ただよ》っている〉

明治に敗れる江戸。赤シャツに敗れる坊っちゃん。そして留学先のロンドンで敗れ「神経衰弱」に陥った漱石。「『坊っちゃん』=敗者の文学」論である。

ちなみに文春文庫版の『坊っちゃん』(一九九六。『こころ』を併録)も解説は江藤淳。内容はほぼ同じだが、『坊っちゃん』は〈伝統的な貴種流離譚のパロディと見ること〉もできる、と述べている点が新潮の解説にはなかった新しい視点だろうか。

では、もう一方の雄、岩波文庫はどうだろう。こちらの解説（一九八九）は日本文学研究者の平岡敏夫。江藤の解説が『坊っちゃん』の読み方の見取り図を示した地図なら、平岡の解説はさらに詳しい解読の手引きである。テキストの詳細な分析を通し、ぼんやりした読者が見逃しそうな事実を、平岡解説は次々に指摘していくのだ。

『坊っちゃん』は清の死後、しかも〈清の死の悲しみがまだ消えぬうちに〉語りはじめられていること。無鉄砲な子ども時代の思い出話は、父母にも兄にも愛されなかった「おれ」の過去と直結していること。「おれ」が「四国辺の中学」にいた期間は一カ月程度にすぎないこと。その間に〈「おれ」の孤立は「神経衰弱」というところにまで至って〉おり、清への思慕や山嵐との連帯はその反動であること。

こうしてあぶり出されるのは「おれ」の孤独や孤立である。

もうひとつ、平岡解説の特徴は、坊っちゃんと山嵐に旧武士階級というだけではない「佐幕《さばく》派」、すなわち戊辰《ぼしん》戦争で負けた側の影を見いだしていることだ。

二人をはじめ善玉側の人間がなべて佐幕派に属する地域の出身であることを指摘しつつ、平岡は一種の憂いをこめて書く。〈明治維新以後、薩長藩閥政府に冷遇され、時代の陰にあった佐幕派系の人たちの、国であれ地方であれ中学校であれ、ひとしく体制に対する反逆という文脈のなかで、『坊っちゃん』を読むことができ〉るのだと。

いやはや、佐幕派とは！ ガハハと笑って『坊っちゃん』を読んでなんかいたら、ドヤしつけられそう。四国辺で与太を飛ばしている痛快な野蛮人だったはずの坊っちゃんは、いまやすっかり歴史の悲哀を背負った悲劇のヒーローになってしまったのだった。

### 後続者の反逆が解説を進化させる

もっとも、江藤や平岡がいう『坊っちゃん』悲劇説も、そもそもは『坊っちゃん』喜劇説へのアンチテーゼとして提出されたことに注意すべきだろう。

今日でも、ジュニア系文庫の解説は、いろいろと留保をつけつつ、〈その深い意味はともかく、面白く、愉快に読むことが出来ます〉（奥本大三郎／岩波少年文庫／二〇〇二）、〈坊っちゃんのように、やりたい放題ができたら、どんなに愉快なことでしょう〉（後路《うしろ》好章《よしあき》／角川つばさ文庫／二〇一三）というように、従来通り、『坊っちゃん』を正義感の強い青年が活躍する痛快なドラマと位置づけている。

まあでも、華麗な論理展開といい、力のこもり具合といい、江藤と平岡の解説は『坊っちゃん』解説界の双璧で、後発の解説者の仕事はもうないようにさえ思える。

実際、角川文庫（一九五五／改版二〇〇四）の池内紀の解説は、小むずかしい文学論には手を出さぬが得策とばかり、池内らしいエッセイ風味で逃げ切っている。反対に集英社文庫（一九九二）の渡部直己の解説は、気ばりすぎてスベッている。文章が込み入っているわりに、半分は江藤淳の論と大差がなく、もう半分はハイブラウすぎて読者はとてもついていけない。ただし、それでも彼らの解説も江藤&平岡の論を大きく逸脱してはいないのだ。

いったいどういうわけだろう。『坊っちゃん』悲劇説に異を唱えるつもりはないものの、しかし『坊っちゃん』は〈漱石の、「近代」に対する呪詛である〉（江藤淳）、〈涙なくして読めない小説だ〉（平岡敏夫）とまでいわれると、さすがに「ほんまかいな」である。ケンカをして学校をクビになることがそんなに悲劇なんですかね。

そう、文学作品の解釈は時代によっても読み手の属性によっても変化する。文庫解説は先行する解説への異論や反論から次の段階に進むのだ。

その意味で出色なのは、小学館文庫（二〇一三）に収録された夏川草介の「解説にかえて」である。夏川は医師であり、ベストセラー『神様のカルテ』シリーズの作者として知られるエンターテインメント系の人気作家だ。

『坊っちゃん』は敗者の文学だと認めつつ、しかし夏川は先行する江藤や平岡の解説にやんわりとケンカを売る。

〈訳知り顔で、「『坊っちゃん』は、実は哀しい物語なのだ」などと述べる行為は、落語を楽しんでいる聴衆を捕まえてきて、君の楽しみ方は間違っている、と頼んでもいない講釈を垂れるようなものである〉〈坊っちゃんはたしかに教職を失った、清も去った〉。だが、東京に戻った坊っちゃんは〈悠々と教職を棄てて街鉄《がいてつ》の技手をこなしている。それを坊っちゃんの敗北とすることは、いささか筋違いというものであろう〉。

もうひとつ、夏川の解説が光っているのは、坊っちゃんが背を向けた松山を〈坊ちゃんと一緒になって「不浄の地」と笑うことは、読者の側には許されない〉と喝破した点である。なぜって、この「不浄の地」こそ我々が住む現実世界だからだ。〈我々は坊っちゃんとともに松山を去るのではない。／岸壁に立って、去りゆく坊っちゃんを見送る側なのである〉

この読み方は、喜劇であれ悲劇であれ、坊っちゃんの側に立ち、坊っちゃんに感情移入して読むのが当たり前だと思っていた読者をハッとさせる。

## 発想を逆転させれば赤シャツに理あり

夏川草介と並んで、もう一本、過激にして秀逸といえるのは、渡部直己の解説とともに集英社文庫に収録された、詩人で作家のねじめ正一の「鑑賞」である。

ねじめは「正義」がいかにあやふやなものかを述べ、坊っちゃんと山嵐が振り回す「正義」の単純さにあきれつつ、〈二人は赤シャツがうらなりの許嫁《いいなずけ》のマドンナをとったというが、事実ははたしてそうか〉と問うのである。

名家の息子というだけで、魅力に乏しいうらなり君を〈マドンナが心から愛していたかというと、私はどうもそうとは思えないのである。四国の田舎町ではちょうどいい男もいないし、親の言いつけでしぶしぶと、というあたりが、マドンナの本心ではなかったろうか〉。

そんなマドンナの前に現れた赤シャツ。彼は東京帝大出で、知識があって話題も豊富。しかも許嫁の存在をものともせず、マドンナに積極的に近づいた。

〈女性なら、自分を愛しているのかいないのかもはっきり言えないうらなり君より、赤シャツのほうに魅力を感じるのは当然である〉

おおー、これぞ解説の妙。善玉と悪玉がまんまと逆転しちゃった。

それにしても批評家や研究者と、実作者との、この解釈の差はなんなのか。

ここでひとつの仮説にいたる。

そういえば、江藤淳や平岡敏夫をはじめ、『坊っちゃん』悲劇説を唱える解説者たちは、おおむねみんな大学人。江戸ではなく明治、坊っちゃんではなく赤シャツ、近代の勝者の側に入る人たちだ。その視点で見れば、学校を去った坊っちゃんは哀れむべき敗者、学校に残って出世する赤シャツたちが権威の側に立つ勝者である。だが夏川が指摘するように、庶民にとって、その程度のことは武勇伝のタネにこそなれ、敗北などではまったくない。むしろ学校を辞めたからこそ坊っちゃんはヒーローで、『坊っちゃん』は「痛快」なのだ。そうした読者にとって『坊っちゃん』＝敗者の文学論は意味不明である。

かくして陰鬱なインテリが好む悲劇系の解説は庶民パワーの前に敗北し、『坊っちゃん』は「痛快な文学」のまま生き続ける。漱石自身は、はたしてどちらの読み方を歓迎しただろうか。

2　川端康成『伊豆の踊子』『雪国』

# 伊豆で迷って、雪国で遭難しそう

## 川端康成の二大ご当地文学

前節で取り上げた夏目漱石『坊っちゃん』（一九〇六）の文庫解説は、悲劇説あり喜劇説の復権あり、なかなかにぎやかな批評バトルの趣があった。

このようなエキサイティングな例はしかし、文庫解説の世界では珍しい。たいていの作品は『坊っちゃん』ほど多数の文庫には収録されていないし、そもそも日本文学の文庫解説は、もっとこう、茫洋《ぼうよう》としたのが多いのだ。

ひとつの例が川端康成である。『伊豆の踊子』（一九二六）であれ、『雪国』（一九三七）であれ、知名度からいえば『坊っちゃん』と肩を並べる「ザ・名作文学」だ。『坊っちゃん』と四国松山の関係にも似て、『伊豆の踊子』は中伊豆（静岡県）の、『雪国』は越後湯沢（新潟県）のご当地文学としても愛されてきた。が、文庫解説のレベルは『坊っちゃん』とは雲泥の差だ。

『伊豆の踊子』と『雪国』の両方がラインナップに入っているのは、もっか岩波文庫、新潮文庫、角川文庫の三種類。岩波には解説がなく、かわりに作者自身の長い「あとがき」がつく。新潮と角川は「作家紹介」と「作品解題」の二枚看板で、一見、鉄壁のかまえである。

### ぼけぼけの解説が作品理解を妨げる

ともあれ実物を読んでみよう。

先に物語内容を紹介しておけば、『伊豆の踊子』は〈二十歳の旧制高校生である主人公が孤独に悩み、伊豆へのひとり旅に出かけるが、途中旅芸人の一団と出会い、一行中の踊子に心を惹かれてゆく〉（新潮文庫カバー紹介文）物語である。

ごく短い短編なので、各社の文庫とも他の作品と同居しているのだが、そのなかから『伊豆の踊子』にかんする部分だけを拾ってみると……。

新潮文庫（一九五〇／改版二〇〇三）の解説（一九五〇）を書いているのは川端の弟子だった三島由紀夫だ。三島は〈川端氏の全作品の重要な主題である「処女の主題」〉に執着する。

〈処女を犯《おか》した男は、決して処女について知ることはできない。処女を犯さない男も、処女について十分に知ることはできない。しからば処女というものはそもそも存在しうるものであろうか。この不可知の苦い認識、人が川端氏の抒情というのは、実はこの苦い認識を不可知のものへ押《お》しすすめようとする精神の或る純潔な焦燥《しょうそう》なのである〉

世の読者は、これを読んで『伊豆の踊子』の何かがわかった気になるのだろうか。私にはチンプンカンプンだ。

仕方がないので、同じ新潮文庫の竹西寛子による「川端康成　人と作品」（一九七三）を読む。川端の人生にからめ、『伊豆の踊子』は〈「孤児意識の憂鬱《ゆううつ》」から脱出する試み〉だと竹西はいう。〈自力を超えるものとの格闘に真摯《しんし》な若者だけが経験する人生初期のこの世との和解が、一編のかなめとなっている〉

三島の解説よりは一見わかりやすいが、しかし〈人生初期のこの世との和解〉って何？

角川文庫（一九五一／改版二〇一二）の解説はさらに茫漠としている。

〈母体の遠さにもだえがちな自身をもてあましてきて川端さんは、ここで遠さの残酷に徹する姿勢をようやくにささえている〉と書く進藤純孝の「川端康成――人と文学」。〈川端さんの旅は、現実探求でもあるが、それは同時に、常に、遊離としての意味を秘めている〉と書く古《ふる》谷《や》綱武《つなたけ》の「作品解説」。何も解説してもらった気がしない。

『雪国』の解説を読んでみよう。

『雪国』は〈頑なに無為徒食に生きて来た主人公島村は、半年ぶりに雪深い温泉町を訪ね、芸者になった駒子と再会し、「悲しいほど美しい声」の葉子と出会う。人の世の哀しさと美しさを描いて日本近代小説屈指の名作〉(岩波文庫カバー紹介文)である。

新潮文庫版の解説(一九四七)は作家の伊藤整である。

〈『雪国』は、川端康成においてその頂上に到着した近代日本の抒情《じょじょう》小説の古典である〉と伊藤はいう。〈抒情の道をとおって、潔癖さにいたり、心理のきびしさの美をつかむという道。これは日本人が多分もっとも鋭くふみ分けることの出来る文芸の道の一つである〉

こうして伊藤は『雪国』と『枕草子』との類似をいい、その脈は俳諧に通じるといい、〈現象から省略という手法によって、美の頂上を抽出する〉方法で書かれた描写の例をあげ、島村の美への鋭さを賞賛する。〈この島村が女と触れ合うところに発する火花。それが、この作品のあらゆる行にせわしなく息づまるように盛られている実体である〉

わかったような、わからぬようなだ。

『雪国』の解説で、まだしも理解しやすいのは、サイデンステッカーによる英訳版の序文を訳した、角川文庫(一九五六/改版二〇一三)の解説だろう。が、なべて解説を読めば読むほど、頭が混乱する川端文学。もしかして読者の理解を解説が妨害してないか?

以上の例から、日本文学の解説がおちいりやすい悪しき習性を考えてみた。

①作品を作者の出自や個性に還元してしまう態度

私小説の伝統ゆえか、日本の文学研究や文芸批評はもともとこの傾向が強かった。川端の場合は二歳で父、三歳で母を亡くし、一五歳までに姉も祖父母も失い天涯孤独となったことが重大な事実として刻印される。こうした経歴へのこだわりがテキストの自由な読みを妨げる。

②①とも関連するが、作者と主人公を重ねて読む傾向

作者による岩波文庫版の「あとがき」によると『伊豆の踊子』はほぼ実体験、『雪国』の〈駒子は実在するが、葉子は実在しない〉そうだが、川端自身は〈島村には浅く背を向けた〉と書いている。あえて強調することもないが、島村＝川端じゃないのである。

③主人公を「特別な人」と考える癖

一高生の「私」が孤児根性に縛られていたとか、島村は特異な美意識の持ち主だとか、解読者はすぐ考えたがる。しかし、主人公を特別視した途端、思考は停止するのだ。

**読解のポイントは二人の階級差**

と、こんなことをいうのも、私には『伊豆の踊子』も『雪国』も、解説者たちがいうような

抒情的な作品とは、あまり思えないからだ。川端は肝心なところをボカして書く。そのためテキストには理解不能な場面が唐突に登場するのである。

『伊豆の踊子』の場合は突飛なラストシーンである。下田港から東京に戻る「私」は、港で彼女と別れを惜しむ暇もなく船に乗り込む。〈ずっと遠ざかってから踊子が白いものを振り始めた〉のを見届けた後、「私」は泣くのだ。同じ船室の、東京に高校の入学準備に行く少年の学生マントの中で。〈少年の学生マントの中にもぐり込んだ。私はどんなに親切にされても、それを大変自然に受け入れられるような美しい空虚《くうきょ》な気持だった〉〈真暗ななかで少年の体温に温まりながら、私は涙を出委《でまか》せにしていた〉

少年のマントの中にもぐり込む！　それまで抑制的だった「私」からは考えられない大胆な振る舞い。ほとんどボーイズラブの世界じゃないの。ところが解説陣は、この行動に驚きもせず、彼の涙は〈むしろ反抒情的なもの〉（三島由紀夫）、〈過剰な自意識という高慢の霧の吹き払われたしるし〉（竹西寛子）といった説明で軽く受け流してしまう。「過剰な自意識」から解放されると、人はこういう突飛な行動に出るの？

『伊豆の踊子』の明快な解説をひとつだけ発見した。後発の集英社文庫版（一九七七／改版一九九三）である。「解説」は文芸評論家の奥野健男。「鑑賞」は作家の橋本治。

二人がともに着目するのは「私」と踊子の間に横たわる階級差である。茶店の婆さんから「旦那さま」と呼ばれるエリートの「私」と「あんな者」とさげすまれる旅芸人の一座の階級差だ。奥野はそこから日本の伝統芸能に見られる〈上流貴族と卑賤視された芸人〉との〈不思議な交歓〉に言及し、橋本はそこから「私」の心情をさらに細かく分析する。

「私」と踊子の間には超えがたい「身分の差」が横たわっている。当時は売買春も当たり前で、踊子もその含みをもっていた。〈「それならいけるか」と思った〝私〟〉は一座についていくが、むろんそんな欲望は表に出せず悶々としている。

そんな彼の屈託を解放したのが風呂場で両手をふる薫(踊子)だった。だから彼は〈子供なんだ。私は朗《ほが》らかな喜びでことことと笑い続けた〉のである。下心を持って一行に同行した「私」のうしろめたさは、薫の「いい人ね」という一言で救われるが、それでもまだプライドが高すぎて自分の感情が整理できない。しかし、下田の港で彼女が白いハンカチを振る姿を見て、ついに自分の感情が何だったかを認めるのだ。

〈それがありさえすれば、踊子とエリートの卵という「身分の差」なんて、なくなってしまう。冷静をよそおって踊子の姿をじっと見ていられただけの余裕はもうなくなって、ただその人にひれ伏すしかなくなってしまう、恋という感情〉を。

「あの子が好き」という感情を認めたくなかった「私」の苦い自責が一気にほどけるのが、くだんの唐突なラストシーンなのだ。〈冷静に別れたつもりが、そして、伊豆の旅の間、終始一貫冷静に振る舞ってきたはずの自分が全部ウソ〉と気づいたときには、もう彼女は遠くにあり、自分の幸福も遠のいてしまった……。

橋本の解説は明言しないが、それは「私」が自分の中に残っていた(恋愛を阻《はば》む)差別心に気づいた瞬間だったともいえる。だから彼は〈なんの身分の差もない、やがて自分と同じような一高生になるはずの少年のマントに包まれて〉泣くのである。

作者の孤児根性なんてものに必要以上にこだわらなくても、階級、性欲、差別、そして失恋といった万人共通の媒介項で『伊豆の踊子』は十分読み解ける作品なのだ。

## 『伊豆の踊子』の解説で『雪国』を読めば

優れた解説は読者に普遍的な「読み方のヒント」を与える。

奥野健男&橋本治コンビの『伊豆の踊子』の解説は、『雪国』にも応用できる。

高等遊民の島村と芸妓の駒子の間には、階級差と同時に二〇歳近い年齢差があったこと。おそらく二人は一高生と踊子が回避した肉体関係をもったこと。だが、自分はそんなに安い女じゃないという駒子の自尊心を無視して彼女をモノにした島村は、その瞬間から駒子への興味を失い、葉子に関心を移したのではなかったか。

あらためて考えると『伊豆の踊子』と『雪国』はよく似た構造をもっている。〈国境の長いトンネルを抜けると〉ではじまる『雪国』。やはり天城《あまぎ》のトンネルを出たところで踊子たち一行と一緒になる『伊豆の踊子』。『伊豆の踊子』が一線を越えずに終わった恋愛未満の物語なら、『雪国』は一線を越えたことで恋愛の不可能性に気づいてしまった男女の物語だった。としたら両者は一対の物語だったのかもしれない。

三島由紀夫や伊藤整のようなタルい評論は、今日の文芸批評界ではほとんど目にしなくなった(そうでもないか)。いまやほとんど骨董品。その歴史的価値は認めるも、古色蒼然たる解説の前で途方に暮れる読者こそ災難だ。そこで温存されるのは「よくわからないけど、スゴイらしい」という無根拠な権威だけ。文学離れが起きるのも当然かもしれないな。

## 3 太宰治『走れメロス』

# 走るメロスと、メロスを見ない解説陣

### 文庫界を席巻する勇者

そもそもは太宰治『走れメロス』(一九四〇)を取り上げようと思ったのだ。なんといっても国語教科書(中学二年)の定番教材だし、文庫の数も非常に多い。

いちおう列挙するならば、角川文庫『走れメロス』(一九七〇)、新潮文庫『走れメロス』(一九六七)、集英社文庫『走れメロス』(一九九九)、ハルキ文庫『走れメロス』(二〇一二)。岩波文庫は『富嶽百景・走れメロス 他八篇』(一九五七)と二作並列、文春文庫は『斜陽 人間失格 桜桃 走れメロス 外七篇』(二〇〇〇)。ジュニア系の文庫に目を転じれば、岩波少年文庫『走れメロス・富嶽百景』(二〇〇二)、偕成社文庫『走れメロス』(二〇〇二)、ポプラポケット文庫『走れメロス』(二〇〇五)、講談社青い鳥文庫『走れメロス』(二〇〇七)、角川つばさ文庫『走れメロス 太宰治名作選』(二〇一〇)。

『走れメロス』は表題作。表紙を飾るイラストも、多くはもちろん走る勇者の姿である。これだけ文庫界を席巻しているメロスである。夏目漱石『坊っちゃん』や川端康成『伊豆の踊子』の解説に、あれほどの情熱を傾けた解説者のみなさまだ。今度もさぞや楽しい光景が、と腕まくりして本の山に臨んだのだが……。

## メロスはどこへ消えた

物語の内容は紹介するまでもないだろう。

各社の文庫カバーに印刷された紹介文も、ほれ、この通り。

〈妹の婚礼を終えると、村の牧人メロスはシラクスをめざして走った。約束の三日目の日没までに暴虐の王のもとに戻らねば、自分の代わりに友セリヌンティウスが殺される。メロスは約束を果たすことができるだろうか。陽はすでに傾いている。メロスよ、走れ！（略）執筆活動の充実ぶりを示す、太宰中期の佳作九篇を収録〉（角川文庫）

〈牧人メロスは、王の怒りを買い、処刑されることとなった。しかし妹の結婚式のため猶予を願い、三日後の日没までに必ず戻ってくると王に約束した。人質に親友のセリヌンティウスを置いて。王の邪智暴虐を打ち破り、友の信頼に応えるため、メロスは走る——。（略）中期の

頂点をなす12編を収録〉（集英社文庫）

〈人間の信頼と友情の美しさを、簡潔な力強い文体で表現した『走れメロス』など、安定した実生活のもとで多彩な芸術的開花を示した中期の代表的短編集〉（新潮文庫）

〈命を賭した友情と信頼の美しさを力強いタッチで描いた「走れメロス」をはじめ、戦前の作品10篇を集めた〉（岩波文庫）

短編集とはいえ、そこは表題作である。『走れメロス』への言及がない紹介文はあり得ない。だが以上は、あくまでカバーの紹介文の話である。解説の姿はまるで異なる。

実物を読んでみよう。

岩波文庫版の解説（「あとがき」）を書いているのは太宰の師匠筋にあった井伏鱒二だ。

〈太宰君は、四十歳で死ぬまでに、百四十篇に近い短篇を発表した。それが各個みな、手法形式を、素材に適応させる意図のもとに、執筆されている〉

こうして井伏は、収録された一〇篇の初出誌を列挙する。

だが、辛うじて解説と呼べるのはそこまでだ。

このあと井伏は〈ただし、いま「あとがき」を書く私は、作品鑑賞の自由を読者に一任して、太宰君自体について書いてみたい〉とうそぶき、次の行は〈私が初めて太宰君に会ったのは、昭和五年の春、太宰君が大学生として東京に出て来た翌月であった〉。あとはただただ太宰との交遊録が続くのみ。〈初対面の太宰君は、しゃれた着物に袴をはいていた〉とか、〈昭和九年、太宰君が三島に滞在中、私は熱海で太宰君と落合わせ、共通の知人Kさんという女性といっしょに、三人連れで十国峠を越え、元箱根から三島に出た〉とか。

あれは「あとがき」で「解説」ではない、と井伏はいうかもしれないが、表題作への言及は一切なし。最後は太宰の私信を（勝手に？）引用して終わりって、ふざけてんの？

角川文庫版は「解説」（相馬正一《そうましょういち》）と「作品解説」（伊馬春部《いまはるべ》）の二段構えである。だが、相馬正一（太宰研究の第一人者である）の「解説」は「太宰治の人と文学」と題された評伝に近い内容だし、伊馬春部（ラジオドラマやユーモア小説などで知られる作家）の「作品解説――に代えて」にいたっては、いきなりボヤキだ。

〈文庫本にはなんだって、〝解説〟などというアクセサリイが必要なのであろう。こんな愚痴めいた溜め息さえ出てくるのだ〉とバカ正直に書く伊馬。〈思いあまって私は、二百二十日に近いある雨の晩、荻窪の里に井伏さんをおとずれた。／「太宰との交遊日誌でも書くんだね」／井伏さんは同情して、言ってくださった〉

自分はともかく、人の解説にまで「交遊録を書け」と進言する井伏も井伏。それを真に受ける伊馬も伊馬。〈ほっとして私、次の瞬間にはもう図に乗って、／「交遊日誌もなんですが、御坂峠に建った文学碑の話などではいかがでしょう」〉とばかり、このあと伊馬は井伏にすりよってみせる。つまりここでも表題作『走れメロス』文学碑の除幕式で何をしゃべって何が受けたかという、駄弁を長々とふるってみせる。つまりここでも表題作『走れメロス』への言及は一切なし。

もう一度いうけど、ふざけてる？

## 友情と正義の物語って本当か

『走れメロス』は全部で二〇ページにも満たない短編だ。書名に『走れメロス』を冠した文庫も、したがってすべて短編集である。個別の作品への言及が少ないのはやむを得ないが、それをいうなら各社の『伊豆の踊子』も短編集だ。『伊豆の踊子』の解説が（トンチキにせよ）表題作の批評を試みていたのに比べ、『走れメロス』の解説は短い上に、やる気なし。

ジュニア系の文庫も含め、いってることも似たりよったりだ。

〈人間の信頼と友情の美しさ、圧政への反抗と正義とが、簡潔な力強い文体で表現されていて、中期の、いや太宰文学の明るい健康的な面を代表する短編である〉（新潮文庫・奥野健男）

〈読後、わたしたちは人間にとって一番大切なものは何か、真の友情とは何かといったことについて、改めて考えることになるだろう〉（集英社文庫・池内輝雄）〈信実と愛への頌歌《しょうか》である。正義と純潔への讃仰《さんぎょう》である。ここには、頽廃《たいはい》のかげも、虚無のにおいも、苦渋のいろもない〉（文春文庫・臼井吉見）

友情、正義、信頼、純潔。みなさま、ほんとにこんなことを思っているのだろうか。だとしたら、ちょっとそれって単純すぎない？　私には『走れメロス』が友情と正義なんて言葉で語れる作品だとはとても思えないのですけどね。

第一にメロスの人間像である。

〈メロスには政治がわからぬ〉〈メロスは、単純な男であった〉とあるように、暴君の噂を聞き、カッとなって突然城に乗り込むメロスは、思慮深いというより「キレやすい若者」だ。しかもラストには〈メロス、君は、まっぱだかじゃないか。早くそのマントを着るがいい〉という「佳《よ》き友」（みんなはセリヌンティウスのことだと思うだろうけど、これは王のことだよね）の台詞。どこでメロスが衣服を失ったかは不明だが、ともかく彼は全裸で走ってきたわけで（ってことは衣服をつけたメロスのイラストも嘘だよね）、ここがこの作品のオチとなる。

〈メロスは激怒した〉ではじまり〈勇者は、ひどく赤面した〉で終わるテキストは、心身ともに「裸」だった若者が「見られている自分」に気づいて最後に「衣」を手に入れる物語である。

この瞬間、メロスはコドモ(赤子)からオトナ(赤面を知る)に変わるわけで、『走れメロス』は「裸の王様」ならぬ「裸の勇者」の物語ともいえるのだ。

第二の問題は王の人間像である。

考えてもみてよ。猜疑心が強く、圧政を敷いてきた王が、たかだかバカな若者が必死で走ってきたくらいで、簡単に翻意するものだろうか。

王が二人の若者を讃え〈おまえらの望みは叶ったぞ。おまえらは、わしの心に勝ったのだ〉と語った後に、「万歳、王様万歳」と〈群衆の間に、歓声が起こった〉点に注目したい。要は王の思う壺。この一件で王が圧政をやめたとは一言も書かれていない。

二人のバカな若者を、民衆の支持を集めるパフォーマンスに利用するくらい、政治家だったらやるんじゃないの? 王がこの後、メロスとセリヌンティウスを登用したら? 単純な二人は友となった王に味方し、民衆を支配する側に回ったはずだ。

――というような深読みを、少なくとも文庫解説は試みない。

『走れメロス』はシラーの詩を下敷きにした作品、つまるところはパロディである。毒の入らないパロディを太宰がわざわざ書くだろうか。まして発表されたのは一九四〇年。皇紀二六〇〇年で世間が沸き、大政翼賛会が発足した年である。戦時色が濃くなるのはまだ少し先だが、当時の日本も十分「万歳、王様万歳」な国だったのですぜ。

## 太宰治は「一億人の弟」

表題作への言及がない。あっても通り一遍。以上のような事実から浮かび上がるのは、解説者たちは作品を真剣に読んだのか、という基本的な疑問である。

実際、同じ短編集に収録された『富嶽百景』の解説も、適当なのだ。

『富嶽百景』は井伏鱒二の紹介で、太宰が富士山を間近に臨む御坂《みさか》峠の天下茶屋に逗留した日々を描いている。〈富士には、月見草がよく似合う〉という一節で知られるが、この一節が有名になったのは、太宰の死後、井伏が峠にこの一節を刻んだ文学碑を建てたからだった。

このへんが井伏の鈍重なところで、御坂峠から見た富士山について『富嶽百景』はこのように書いている。〈これは、まるで、風呂屋のペンキ画だ。芝居の書割だ。どうにも註文どおりの景色で、私は、恥ずかしくてならなかった〉

碑文にとるならこっちでしょうよ。と思うが、それはさておくとしても、〈富士には、月見草がよく似合う〉とは、富士をバックにした月見草ではない。月見草は「巨大だが俗悪な富士」から目を背けたときに姿を見せた〈立派に相対峙し、みじんもゆるがぬ〉雑草だという点がポイント。「似合う」といっても、月見草はむしろ「アンチ富士」に近いのだ。

なんて解釈めいたことも解説は誰もしない。

〈ドライな文体が快く、緊張の中に含羞の風穴をつくりながら、自然と人間の厳しい対立の心象風景を描いている〉（奥野健男）とか、〈心の惑乱や苦悩が表現の奥へ引っこんで、全体として平静さが支配している〉（臼井吉見）とかいう印象批評を記すのみ。そして井伏鱒二と伊馬春部は御坂峠界隈の雑談にうつつをぬかす。

唐突に太宰のキャッチフレーズを思いついた。すなわち「一億人の弟」。

万感の思いを込めて『坊っちゃん』の解説が書かれ、伝記的事実を総動員して『伊豆の踊子』の解説が書かれていたのに比べると、太宰の短編は正当に遇されているといいがたい。そこには解説者の太宰を見る目が反映しているように思われる。すなわち「才能はあるが危なっかしい弟」を見る眼差し。「上から目線」というやつだ。

波乱の人生に目を奪われすぎて、作品と格闘した跡がない解読。どうりで緊張感がないわけだよ。おまけに『走れメロス』は子ども向けの寓話と思われていた節がある。ああ、孤独なメロス。あらゆる文庫の表紙に動員されて、必死で走っているのにね。

4　林芙美子『放浪記』

# 放浪するテキスト、追跡する解説

## 舞台のほうが有名(?)な作品

『放浪記』と聞いて多くの人が思い出すのは、森光子主演のお芝居のほうかもしれない（二〇一五年からは仲間由紀恵の主演で上演）。

一九六一年の初演から二〇〇九年に森が八九歳で引退するまで、上演回数はじつに二〇一七回。作・菊田一夫、潤色・三木のり平。この作品を有名にした森光子の「でんぐり返し」は、主人公の林芙美子が自分の小説の広告が載った雑誌を見て狂喜する場面に登場する。舞台版の『放浪記』は、尾道《おのみち》から上京した主人公がカフェの女給などで生計を立て、複数の男とくっついたり離れたりしながら、作家を目指す立身出世譚である。

しかし、じゃあ原作も……くらいの気持ちで林芙美子『放浪記』を手にした読者は目を白黒させるにちがいない。なんじゃい、これは！　どうなってんの？

出版当時ベストセラーになったとはいえ、今日、『放浪記』を解説なしに理解するのはむずかしい。なぜって林芙美子『放浪記』とクレジットされた本は、それ自体が生々流転する、いわば「放浪するテキスト」だったからだ。

### 複雑怪奇な本の構成

文庫の中には(全集などを除けば)事実上ほかでは読めない「オンリーワン・テキスト」ともいうべき物件があって、『放浪記』は長い間、新潮文庫版の独占状態にあった。

単行本の初版は一九三〇年刊。現在出ている新潮文庫版は一九七九年刊。その間に四九年もの開きがあるのはちょっと不自然だけれども、その話は後回し。

『放浪記』が読者を混乱させるのは、主として二つの理由による。

第一の理由は、『放浪記』が林芙美子の雑記帳から一部を抜粋して編まれた本であることだ(この事実は巻末の解説で知らされる)。

新潮文庫の『放浪記』は第一部、第二部、第三部の三部仕立てになっている。第一部冒頭の「放浪記以前」と題された章には〈私は宿命的に放浪者である。私は古里を持たない〉という有名なフレーズも登場する。

しかし、ここで自身の生い立ちをざっくりと記した後は、いきなり〈(十二月×日)〉という半端な日付とともに、身辺雑記風の文章がはじまる。石川啄木《たくぼく》の歌を引いて〈雪が降っている。私はこの啄木の歌を偶《ふ》っと思い浮べながら、郷愁のようなものを感じていた〉と遠い目をしてみたり、〈気持ちが貧しくなってくると、私は妙に落書きをしたくなってくる。豚カツにバナナ、私は指で壁に書いてみた〉とつぶやいたり。

しかし、では『放浪記』は日記なのかというと、そこがまた微妙なのだな。〈十二月×日〉の記録が四回分続いた後、今度は日付が飛んで〈四月×日〉が四回、〈五月×日〉が二回。半年飛んで〈十一月×日〉が二回、そしてまた〈十二月×日〉が三回。

こんな調子で五年分の話が続くのだから、時系列が混乱すること甚だし。

もちろん〈ひまが出るなり。／別に行くところもない(十二月×日)〉とか、〈昼から荷物を宿屋にあずけて、神田の職業紹介所に行ってみる(十二月×日)〉とかいった記述から、彼女ののっぴきならない職探しのようすはうかがえる。

二年目以降の記述には、色っぽい話もまじる。

〈「何だか一人でいたくなったの……もうどうなってもいいから一人で暮したい。」／男は我にかえったように、太い息を切ると涙をふりちぎって、別れと云う言葉の持つ淋《さび》しい言葉に涙を

流して私を抱こうとしている〈四月×日〉〉

おおー、芙美子は男と同棲していたのか。

でもさ、その男って、前に出てきた〈十二月×日〉で彼女が〈結婚をしてもいいと思った〉と書く「松田さん」なの？　別人なの？

説明は一切なし。もとが雑記帳だけに、事実関係はあくまで曖昧なままなのだ。

『放浪記』がわかりにくい第二の理由は、この本の書誌（刊行史）の複雑さによる。

新潮文庫版の『放浪記』は三部仕立てになっているが、文芸評論家の小田切秀雄の解説によると、〈『放浪記』の第一部・第二部・第三部というのは、その順に従って書かれたという意味ではない〉のである。どういう意味かと申しますと――。
①林芙美子は一九二二（大正一一）年〜二六（一五）年までの五年間、〈日記ふうの雑記帳〉を書きためていた（と小田切は書くが、雑記帳の執筆開始時期はじつは一九二三年）。↓②一九二八（昭和三）年、この中から雑誌連載向けの部分を任意に抜き出したものが「女人芸術」に連載された。↓③一九三〇（昭和五）年七月、この連載をまとめた本が、改造社から『放浪記』のタイトルで出版された。↓④『放浪記』はベストセラーになり、〈改造社はただちにその続編の編集を作者に求め、作者はもう一度その五年間にわたる雑記帳のなかから抜き出して、その十

一月に『続放浪記』を刊行した〉。→⑤ところが戦後、同じ雑記帳の未発表部分が雑誌に連載され、後にはそれが「第三部」として出版された（一九四九）。

こうして別々に出版された三冊の本は『放浪記』『続放浪記』を「第一部」「第二部」として全三部を収録した『放浪記』（中央公論社／一九五〇）にまとまった（が、小田切の解説はそのへんはウヤムヤ）。これが現在の新潮文庫版の原型である。

どうりで頭が混乱するはずだよ。同じ話が螺旋状に繰り返されるわけだからな。

第二部なんて、頭っから〈私は男と初めて東京へ行った一年あまりの生活の事を思い出した。／晩春五月のことだった（一月×日）〉ですからね。その一月はいつの一月？　急に出てきた〈私一人を東京においてけぼりに〉した男って誰？

**さらに深まるテキストの謎**

以上のような書誌情報など、ふつうは読みとばすところである。しかし、『放浪記』に限っていうと、書誌情報こそが作品理解の最大の手がかりなのだ。

だから小田切の解説も、〈個々の部分が、それじたいとして奔放微妙な情感と極限的な貧乏と強烈な生命力の表現とによって生動しているために、何もあい補って読むなどということをしないでも、それだけで十分に印象的〉などと作品の自立性を賞揚しつつ、返す刀で『放浪記』のバックボーンにふれざるを得ない。

一九二二(大正一一)年、尾道高等女学校を卒業した一八歳の芙美子は〈在学中から恋愛関係にあった因島《いんのしま》の青年〉を頼って上京したこと(第二部の冒頭に出てくるのはこの男)。二四(大正一三)年には〈年長の俳優田辺若男との同棲、別れての詩人野村吉哉との同棲〉などがあったこと(第一部で別れようとしていた同棲相手はこの俳優)。

元来、私は作家の年譜などに興味がないし、テキストを読むに際して作家の経歴は邪魔だとすら思ってきた。だけど、しょうがないのよ『放浪記』は。だってこのテキストは、身辺雑記をつなぎ合わせたブログみたいなものなんだから。ま、二〇歳のブロガー・フミコが気ままにつづったブログと思えば、それはそれでおもしろいけどね。

こうして私はすっかり「わかった気」になり、以来、この本のことは忘れていた。しかし、ほんとは全然わかっていなかったのである。

関心が復活したのは、二〇一〇年代に入ってからだった。『放浪記』の著作権が切れたことから、新潮文庫に独占されていた『放浪記』の別バージョンが出たのである。

一冊はハルキ文庫版『放浪記』(角川春樹事務所/二〇一一)。

初版の『放浪記』を底本にしたこの文庫は、新潮文庫版の「第一部」に該当する。ただし、本文は、新潮文庫版とは微妙にちがっている。

たとえば末尾の一文。新潮文庫版の第一部が〈晩はおいしい寿司《すし》でも食べましょう〉なら、初版(ハルキ文庫版)は〈晩は寿司でも食べよう〉だ。

〈私は宿命的に放浪者である〉という冒頭近くの部分にも、初版には〈私は古里を持たない〉の後に〈私は雑種でチャボである〉というおもしろい一文が挟まっている。

このような文章の異同は枚挙にいとまがなく、しかも二冊は見た目がまるでちがう。

第一に、初版は改行や一行空きがきわめて多いこと。

第二に、初版は一五の章に区切られており、それぞれに「淫売婦と飯屋」「裸になって」「目標を消す」「百面相」などの見出しがついていること。

第三に、初版の各章の末尾には「一九二二」「一九二三」などの年号が入っていること。

つまり初版の『放浪記』は、新潮文庫版の第一部より編集的に見て、はるかに親切で読みやすく、そのぶん印象も濃いのである。『放浪記』がベストセラーになった理由を、それで私はようやく理解したのだ(江國香織の解説は〈この人の手にかかると、秋刀魚も油もワンタンも詩みたいになる〉とか書くだけで、書誌情報にはふれていないけど)。

## 改稿に改稿を重ねて

にしても、初版と新潮文庫版とでは、なぜ本文が異なるのか。

謎が解けたのは、岩波文庫版『放浪記』(二〇一四)の解説によってであった。林芙美子研究の第一人者・今川英子の解説が書誌を追う手つきは、腕こきの探偵並みである。

『放浪記』は、新潮文庫版の解説で小田切秀雄が半端にお茶を濁していた以上に、じつは複雑な刊行史をもつ作品であること。しかも『放浪記』は、林芙美子が生涯にわたって、改稿に改稿に重ねた作品だったこと。

第一の改稿は、初版の発行から七年後、『林芙美子選集』(一九三七)への収録時である。〈振り仮名がほとんどなくなり、文が追い込まれて改行が激減する。また極端な言い回しや、不必要と思われるオノマトペ(擬声語・擬態語)が削除されて、文章が整えられている〉。その結果、〈文章としては粗削りではあったが、思いのたけをぶつけた野放図な言葉の羅列〉が〈リズム感に充ち〉ていた初版の味わいは損なわれたが、それでも芙美子は飽き足らなかった。かくて『決定版 放浪記』(新潮社/一九三九)が出る際には、またもや〈徹底的に加筆、削除、訂正による改稿が施される〉にいたった。

〈今や、自他共に小説家としての地位を認められた芙美子にとって、いつまでも「放浪記」の芙美子と評されることは心外であった。さらに彫琢を経ない粗野な表現、稚拙な文体が代表作として残ることにも耐えられなくなってきた〉

それが芙美子が改稿を重ねた理由だと今川は書く。

自身の処女作に死ぬまで縛られる作家人生。若き日に書きなぐったノートから搾れるだけ搾りとり、加工できるだけ加工する自作へのこだわり。デビュー作が売れすぎたため代表作として扱われるのって、作家としては幸福なのか不幸なのか……。

『放浪記』にはじつはもう一冊、いまは古書でしか手に入らない幻の文庫が存在する。第三部の発行前に出版された（第二部までしか収録されていない）一九四七年刊の新潮文庫版である。文芸評論家の板垣直子の解説にいまとなっては特に読むべきところはないけれど、生前の芙美子はこの版の解説をどんな気持ちで読んだだろう。

なぜといって板垣は〈林芙美子の生活記録は、冷厳なリアリズムとならなかったところに特徴が認められる〉とか〈既に「放浪記」に、林芙美子の創作方法は確立している〉とか、二〇歳前後の芙美子がこれを書いたと信じて解説しているのである。

ちなみに一九七九年版が出るまでの三〇年間、すなわち一九五〇年代から七〇年代末までの間は、この版がもっともよく読まれていたはずだが、このバージョンには書誌情報も正編続編（第一部・第二部）の区別もない。読者の混乱はもっと深かったはずである。

『放浪記』はおそらく日本の近代文学史上、もっとも込みいった成立史を持つテキストだろう。もとは若い女性のブログみたいなものなのに。作家の執念おそるべし、である。

5　高村光太郎『智恵子抄』

# 愛の詩集の陰に編者の思惑あり

## 亡き妻を弔う愛の詩集

〈あれが阿多多羅山、／あの光るのが阿武隈川。〉（「樹下の二人」）

〈智恵子は東京に空が無いといふ、／ほんとの空が見たいといふ。〉（「あどけない話」）

〈そんなにもあなたはレモンを待つてゐた／かなしく白くあかるい死の床で／わたしの手からとつた一つのレモンを／あなたのきれいな歯ががりりと噛んだ〉（「レモン哀歌」）

有名な、高村光太郎『智恵子抄』（一九四二）の詩の一節である（引用は新潮文庫による。以下同）。なかでも智恵子の臨終を詠んだ「レモン哀歌」は中学校の国語教科書にも採録され、智恵子が統合失調症だったことも含め、広く世に知られるところとなった。

『放浪記』がそうだったように、『智恵子抄』もまた、全集などを除けば、長い間、新潮文庫版でしか読めないオンリーワンの文庫だった。

『智恵子抄』は智恵子が他界した三年後、一九四一年に龍星閣から出版された。新潮文庫に収録されたのは、一五年後の一九五六年七月。同年四月に光太郎が他界した直後である。

解説らしき文章を書いているのはカエルの詩で知られる詩人の草野心平。ちなみに光太郎の二〇歳下の心平は、第一詩集の序文を光太郎に書いてもらうなど、生涯光太郎に頭が上がらない関係にあった。その心平は巻末の「覚え書」でこう記している。

〈智恵子さんの一生と高村さんの一生と、二人が知り合つてからの全生涯を貫く、これは稀有な愛の詩集である〉

この一文が後世の『智恵子抄』の評価を決定したように思われる。でもね、心平の『智恵子抄』への関与(干渉?)の度合いは、とてもじゃないが、この程度の話ではなかったのだ。

**解説というより鎮魂歌**

新潮文庫版『智恵子抄』には解説に相当する文章が三本ついている。

第一の解説は智恵子との出会いから死までを綴った光太郎自身の「智恵子の半生」。単行本にも収録された随筆だから作品の一部だが、これは事実上の「自分解説」だ。

〈私はこの世で智恵子にめぐりあつたため、彼女の純愛によつて清浄にされ、以前の廃頽生活から救ひ出される事が出来た経歴を持つて居り〉とか、〈智恵子が結婚してから死ぬまでの二十四年間の生活は愛と生活苦と芸術への精進と矛盾と、さうして闘病との間断なき一連続に過ぎなかつた〉とかいう一文は、亡き妻への悲痛な思いにあふれている。『智恵子抄』を理解するには不可欠な文章といえるだろう。

第二の解説は草野心平による「悲しみは光と化す」と題された随筆風の文章だ。

彼が書くのは光太郎と智恵子の思い出である。

本郷駒込のアトリエで二人がどんな風に暮らしていたか。〈それまでと変りのない智恵子さんを見た最後〉がいつだったか。智恵子が入院した後、〈ね、君、僕はどうすればいいの、智恵子が死んだらどうすればいいの？〉と光太郎に迫られて絶句する話などは壮絶である。

だが、注意すべきはこの解説が光太郎の死の前後にまたがった時期に書かれたことだ。途中〈一九五六・三・二九。雨〉とあり、一行あけて〈以上の文章を書いて三日目の真夜中、四月二日午前三時四十五分、高村さんは遂に亡くなつた〉。

妻の死から立ち直れない作者による第一の解説と、生前の二人に親しく接し、しかも作者の死に接したばかりの人による第二の解説。以上二枚看板の解説によって「稀有な愛の詩集」という『智恵子抄』の評価を読者は刷り込まれるという寸法だ。

でも、ですね。光太郎の随筆はほとんど亡き妻への鎮魂歌だし、心平の文章も夫妻への追悼文に近い。つまり二つの文章は詩の背景を臨場感をもって伝えはするが、客観的なポジションに立っているとはいいがたい。作品との距離感が近すぎるのだ。

実際、光太郎と心平の解説を現在の覚めた目で読むと「いい気なもんだな」という印象は免れない。光太郎と出会う前の長沼智恵子は絵で身を立てたいという希望を持ち、平塚らいてうのテニス仲間として『青鞜』の表紙の絵を描くなどの「新しい女」だった。そんな智恵子の人生を狂わせたのは誰だったのだろうか。

## 愛の詩集というけれど

『智恵子抄』と聞くと、私にはどうしても忘れられない文章がある。駒尺喜美《こましゃくきみ》「『智恵子抄』は光太郎の贖罪のうた」(『魔女の論理』一九七八所収)である。後に『高村光太郎』(一九八〇。一九九二年の文庫化に際し、『高村光太郎のフェミニズム』と改題)という本も上梓した駒尺は、愛の詩集という通説に、いち早く異を唱えた日本文学研究者だった。

たとえば巻頭に置かれた「人に」という詩(一九一二)。〈いやなんです／あなたのいってしまふのが――〉ではじまるこの詩は、〈あなたはその身を売るんです／(略)／そして男に負けて

／無意味に負けて／ああ何といふ醜悪事でせう〉という言葉で、親の意のままにほかの男との結婚を決めた智恵子をなじり、女を縛る結婚の罠を批判している。

しかるに〈二人が結婚した後、智恵子はこの通りになってしまった〉と駒尺は嘆く。光太郎は自分が智恵子を抑圧していることを知っており、にもかかわらず彼女から表現の機会を奪い、彼女に家事をやらせて自分だけが芸術に没頭し、結果的には彼女を追い詰め、病の原因をつくった。『智恵子抄』はつまり光太郎の償いの書ではないのか……。

駒尺の筆は容赦ない。〈サァーと一読すると、非常に理想的な男女の結びつきであって、素晴らしいわねえと読んでしまうが、よくよくみると、いまわたしが読んだところには非常に問題がある〉〈ごく自然に男と女が愛し合ったとき、すでに、そこにはおのずから不平等な形の愛しかない、ということに注目したい〉などの評言。〈わたしは、男たちが智恵子についてあれこれ言うのを読んでいると、もの凄く腹が立つ〉

ちょっとすごくありません？　この批評を読んだ後では、光太郎の自分解説も、草野心平の鎮魂歌的解説も「いい気なもん」としか思えなくなる。

〈――私は口をむすんで粘土をいぢる。／――智恵子はトンカラ機《はた》を織る。〉

この詩(「同棲同類」一九二八)を引用し、草野心平は〈アトリエで話してゐると機を織る音がきこえたりすることがあつた〉などと遠い目をして思い出話にひたるだけだ。

一方、こちらは駒尺喜美。

〈詩の中に「トンカラ機を織る」と呑気そうに書かれていると、一見非常にうまくいって、二人がそれぞれの仕事をしているんだみたいに見えるけれど、本当は智恵子は葛藤の末に自分の絵画をあきらめて、機織りにいったんだということがはっきりするわけである〉

このような智恵子の側からの視点が入ってはじめて『智恵子抄』の全容は明らかになる。私が文庫編集者なら、解説の後に、この論文を採録するけどな。

さて、新潮文庫版『智恵子抄』にはもう一本、第三の解説がつく。随想的解説とは別に書かれた草野心平の「覚え書」である。でね、これが爆弾発言の山なのよ。

〈新潮文庫の一冊として智恵子抄を上梓することは前々から話があつたが、本当に決つたのは三月二十三日だつた〉と、まず心平は書く。驚くべきは次の一文だ。

〈高村さんがなくなられてから遺稿を整理してゐると未発表の作品や雑誌には発表されたが、既刊の単行本には収録されたことのない作品が相当数あり、智恵子さんに関聯したものも数種発見された。それらもこの『智恵子抄』には総て収録した〉

勝手に詩の数を増やした、と。そして、さらにもう一言。

〈従来の『智恵子抄』に載つてゐた「或る日の記」はそれは智恵子さんとの関聯が詩の中心をなしてゐないので故意にはぶいた〉

いくら親しい間柄とはいえ、作者が自ら取捨選択した詩を、断りもなく死後に足したり引いたりするか、ふつう。だが、心平は懲りない。一一年後の「改訂覚え書」（一九六七）ではさらに四編を加えて「或る日の記」も復活させ、〈漸くすっきりした気持である〉。

こうして新潮文庫版『智恵子抄』は草野心平の手で肥え太り、四七編（初版では二九編）の詩、六首の短歌、三編の随筆で構成されることになったのである！

**隠蔽された戦時の詩**

『智恵子抄』が元の姿を取り戻したのは半世紀以上たってからだった。

一冊は初版（草野心平が足したり引いたりする前）の形で出版された２８０円文庫『智恵子抄』（角川春樹事務所／二〇一一。巻末のエッセイは詩人の蜂飼耳）。

もう一冊が角川文庫の中村稔編『校本　智恵子抄』（一九九九）である。

〈智恵子について書いた詩文を完全に収録することを意図して編集した〉と豪語するだけあり、①初版の『智恵子抄』と、②初版に光太郎が入れなかった詩文と、③初版の発行後に書かれた詩文を別立てで収録したこの版は、編集も解説も年譜も秀逸だ。
加えて詩人の中村稔の解説は、衝撃的な情報が満載ときている。

光太郎の死後、龍星閣主人が『智恵子抄』は自分が編集したと主張し、版権をめぐる裁判になったこと(一九九三年、最高裁で遺族の側の勝訴が確定)。『智恵子抄』冒頭の一一編は第一詩集『道程』にも、じつは収録されていたこと。〈壮麗な理想ないし夢想の実験〉だった二人の生活が、幻滅に変わり、地獄絵図と化し、智恵子の「聖女化」へと向かう過程を追ったこの解説は、すでに優れた一編の『智恵子抄』論だ。

最初に「オンリーワン」といったけれども、『智恵子抄』に収録された詩は、じつは他の文庫でも読むことができる。各社の『高村光太郎詩集』である。

新潮文庫の伊藤信吉編『高村光太郎詩集』(一九五〇)は、光太郎の生前に出版された。編者の解説(一九六八)は、光太郎の詩を絶賛しているだけ。晩年の詩を加えて戦後に改訂されたこの文庫が、どんな経緯で編集・出版されたかは不明である。

一方、岩波文庫の『高村光太郎詩集』(一九五五/一九八一改版)は意味深だ。「はしがき」は光太郎自身の執筆。光太郎の命で編者に抜擢されたのは美術評論家の奥平英雄。〈先生は意外にも私に詩の選択、編集の一切をやってくれないかといわれた〉という奥平の平身低頭した「あとがき」にも鼻白むが、問題はこの文庫が〈岩波編集部の希望もあって、その採択範囲を「智恵子抄」までにとどめることになった〉という点だろう。

理由はおそらく、光太郎の「暗部」に関係しよう。『智恵子抄』を上梓した後、光太郎は日本文学報国会詩部会会長に就任し、戦争を礼賛する愛国的な詩に急激に傾斜していったのだ(戦後はそのことを自己批判する詩集まで出した)。

文学者の間ではわりと有名な事実だが、この一件にふれた文庫は今日、集英社文庫版『レモン哀歌――高村光太郎詩集』(一九九一)しかない。

解説の栗津則雄は、光太郎の戦争協力について〈智恵子の死が作り出した「おそろしい空虚」を何かで埋めたいという欲求が、重要な動機として働いていたのかも知れぬ〉と推測する。また「鑑賞」の残間《ざんま》里江子は〈智恵子には社会性も職業意識もな〉かったと強調する光太郎に〈男権主義的な匂いも感じられて気になった〉との違和感を表明している。

出版から半世紀たって、やっと解説らしい解説を得た『智恵子抄』。

だが、不動のロングセラーはやはり新潮文庫版である(二〇一五年現在一二六刷)。〈稀有な愛の詩集〉という草野心平の評価が、よって今日も健在なまま、読者の心を潤しているという次第である(たぶん)。

# II　異文化よ、こんにちは

6　サガン『悲しみよ　こんにちは』／カポーティ『ティファニーで朝食を』

## 翻訳者、パリとニューヨークに旅行中

### 翻訳小説の「あとがき」は情熱的

翻訳モノの文庫には、巻末に「解説」ではなく、訳者の「あとがき」がつく。翻訳書の場合は文庫でなくても、作品の背景などを記した「訳者あとがき」がつくことが多いから、翻訳家にはつまり、翻訳と同時に解説者の役割が課せられるわけである。

さて、翻訳文学の解説は、しばしば独特のトーンを帯びる。意外に「自分語り」が多いのだ。本邦初訳の作品だったような場合はなおさらそう。訳者の思い入れがほとばしり、一個の独立した作品、エッセイのような様相を呈することも珍しくない。

〈日本人とカナダの婦人宣教師たちの協力によって創立された東洋英和女学院七十年の長い歴史の中の一つの時代に、あの学園で生活をした私は、英語をカナダ人の教師から学びました。（略）カナダ系の作家の作品を紹介したいという私の念願は、今日までに多くのカナダの教師た

ち友人たちから受けたあたたかい友情への感謝からも出発しております〉

ＮＨＫの連続テレビ小説「花子とアン」で人気が再燃した、ルーシー・Ｍ・モンゴメリ『赤毛のアン』(原作一九〇八／新潮文庫／一九五四／改版二〇〇八)の初訳(一九五二)に村岡花子がつけたあとがきである。訳者の個人史にふれた「思い入れ系」解説のハシリだろう。

もっとも『赤毛のアン』のあとがきは二ページほどの短いものだから「思い入れ」もこの程度ですんでいる。これがもう少し後になると、さらに「濃いあとがき」が登場するのだ。

## 解説というより訪問記

フランソワーズ・サガン『悲しみよ こんにちは』(原作一九五四／新潮文庫／一九五五)からいってみよう。かつての女子高校生が約七八パーセント(この数字は適当です)の確率で読んでいたと思われる、サガン一八歳のデビュー作だ。

一七歳の少女セシルは、一五年前に妻を亡くした父のレエモン、その愛人のエルザとともに夏をコート・ダジュールの別荘ですごしていた。そこに亡き母の旧友アンヌが現れ、父との結婚話が持ち上がる。アンヌを嫌ったセシルは二人の別れを画策し……。

ジーン・セバーグ主演の映画(一九五八)で知っている人も多いだろう。

理由は覚えていないが、私がこれを読んだのは高校一年か二年のときだった。物語内容も田舎の高校生には刺激的だったが、訳者の朝吹登水子《あさぶきとみこ》によるあとがき(一九六八)がまた驚きだった。内容の半分以上はサガンへのインタビューだったのである。

〈私は一九五四年の十二月、クリスマスの直後、マルゼルブ街のフランソワーズ・サガンの家をたずねた〉と、朝吹は当たり前のように書く。〈彼女の住んでいるところは十七区の住宅地である。サガンは、フランスの裕福なブルジョアの家庭に生れ、両親の大きなアパルトマンに住んでいた。私は、朝の十一時に会う約束だったので、時間かっきりにつくと、クラシックな、美しいフランス風のサロンに通された〉

まるで女性誌に載ったパリの「お宅訪問記」みたい。

〈うしろのほうで足音がした。ふりむくと、パジャマの上に水色の水玉の部屋着を着たかわいい少女が立っていた。「ボンジュール、昨晩おそかったのでまだ眠っていたの、こんな格好でご免なさいね」〉って、おいおい、客を迎えるのに部屋着かよ。

このときサガンは一九歳、朝吹登水子は三七歳。

田舎の高校生には、パリの自宅に作者を訪ねるってこと自体、アメイジングだったのよ。

よく似た例をもうひとつ。トルーマン・カポーティ『ティファニーで朝食を』(原作一九五八

／新潮文庫／一九六八）である。訳者は龍口《たつのくち》直太郎。

私が読んだのはやはり高校生のときだった。なぜ読んだのかといえば、もちろんオードリー・ヘップバーン主演の映画（一九六一）を見たからだ。それを見透かすように、新潮文庫の表紙には映画の一場面（ヒロインがウィンドウの前でパンとコーヒーの朝食をとる有名な冒頭のシーン）を切り取ったヘップバーンの写真があしらわれていた。

しかし、原作の小説は映画とはまるでちがった代物だった。

原作は作家の「私」が根っからの自由人であるホリー・ゴライトリーについて語る形式。第二次大戦下のニューヨークで「ミス・ホリー・ゴライトリー　旅行中」という名刺を持ち歩くホリーは孤独と二人連れの女性。読み心地は今日でいうポストモダン文学に近い。

解説（一九六八）では、当時ニューヨークに滞在中だった訳者が自ら翻訳したいと申し出たこと、映画と原作の異同などに加えて、こんなことが語られている。

〈私がティファニーをたずねたのは、映画以前のことで、その目的は、（略）この宝石店に、果して朝食をとれる食堂があるかどうか、それをこの眼で見さだめるためであった〉

作者ではなくティファニーを訪ねる点が、この人のおもしろいところ。

〈もちろん、私といえども、作品を読んだとき、「ティファニーで朝食をとる」というのが比喩的に使われていることはわかったのであるが、それを確認するためには、どうしてもそこに食堂があるかどうかを突きとめておく必要があった。そこで、二度目に訪問したときには、エレベーターで各階にのぼってみたばかりか、エレベーター・ボーイに、「ここには食堂がありますか？」と恥をしのんできいてみた。すると、ボーイはいかにもおのぼりさんを軽蔑するかのような眼差しで、「とんでもない！」と答えた。これで比喩的表現が確認されたので、私にはボーイの侮蔑など問題外であった〉

なんとあっぱれな校閲魂。そして自虐を装ったサービス満点の解説芸！　思えば当時は、ティファニーが宝石店であることすら、多くの日本人は知らなかったのだ。

## サガンを読んでたゲバルト学生

ところで、多くの読者を魅了したであろう朝吹登水子訳『悲しみよ こんにちは』も、龍口直太郎訳『ティファニーで朝食を』も、今日では入手困難になってしまった。『悲しみよ』は河野万里子訳(二〇〇九)、『ティファニー』は村上春樹訳(二〇〇八)にチェンジされ、旧版は廃版となったからである。

新旧の訳文を比較してみると、旧訳はやはりクラシック、新訳はカジュアルで、隔世の感があるのだが、いま気にとめるべきは解説である。

新訳の『悲しみよ』には、サガンの華麗にして波瀾万丈な人生や作品の受け止められ方などを記した、訳者・河野万里子のきっちりしたあとがきのほかに「サガンの洗練、サガンの虚無」と題された直木賞作家・小池真理子のエッセイ(二〇〇八)がつく。

〈父の書棚に並べられていた『悲しみよ こんにちは』を初めて手にとったのは、高校に入学してまもなくのころだ〉と小池は自身の読書体験を語りはじめる。

〈私が青春期を過ごした一九六〇年代末は、政治の季節だった。(略)／当時、サガンと言えば、「おんなこども」の読む作家の代表格だと思われているふしがあった。「サガンが好き」と声高に告白することは、「私は典型的なプチブルであるにもかかわらず、ブルジョワジーの懶《らん》惰《だ》な暮らしに憧《あこが》れ、気取った物言いばかりをしたがる、中身のうすっぺらな文学少女です」と認めているのと同じだと見なされた〉

しかし現実はちがった、と小池は続けるのである。

〈革命を掲げ、論じ、デモの隊列の中から火炎瓶を投げては、機動隊にジュラルミンの楯で押しつぶされそうになっていた学生も、うすぐらいジャズ喫茶で煙草の紫煙に包まれながら、深夜まで、どこかで聞きかじったような言葉を連ね、仲間と議論し続けていた、無精髭とぼさぼさの長髪をトレードマークにした男たちも、私の知る限り、皆、こっそり陰でサガンを読んでいた〉。そして〈あのころ私がつきあっていたボーイフレンドは、思想的にも政治的にも急進派で、ある過激なセクトに属する活動家でもあったが、彼もまた、サガンを愛読していた〉。

これはほんとの話なのだろうか⁉

本当だとしたら貴重な証言というべきだろう。半世紀後の解説であればこその暴露話。私は原則「文庫解説に個人的な思い出はいらない」派だが、ここまでおもしろければ許す。というより歓迎する。こうなるともう、歴史だもんね。

## 映画の評価をめぐって

村上春樹の新訳による『ティファニーで朝食を』はどうか。

訳者・村上の解説で、読むべき箇所は映画にかんするくだりである。

本を読む前に映画を見ている読者が多いだろうことを前提に、小説にとって、かの映画の存在はいささか迷惑かもしれない、と村上はいう。

〈作者トルーマン・カポーティは明らかに、ホリー・ゴライトリーをオードリー・ヘップバーンのようなタイプの女性とは設定していないからだ。カポーティはヘップバーンが映画に主演すると聞いて、少なからず不快感を表したと伝えられている。（略）／だから翻訳者としては、本のカバーにできれば映画のシーンを使ってもらいたくなかった〉

このくだりについては、旧版の龍口直太郎の解説を参照する必要がある。くだんの映画に対する龍口の評価は、村上の比ではなくじつはケチョンケチョンだったのだ。

〈映画『ティファニー』は、小説『ティファニー』とかなりちがったものになっている。一言でいえば、あまり感心できない通俗化が行われたのである〉と龍口は嘆く。

〈小説の語り手《ナレーター》「私」が、派手な女性デザイナーの男妾《おとこめかけ》みたいになっているのでおどろいた。あちらの映画解説にも、この男がはっきりと「ケプト・マン」となっていたので、私はむしろ憤りを感じた〉

そして、最後に渾身のこの一言。〈原作とのもっと重大なちがいは、「私」がさいごにホリーと結ばれるように描かれているが、そんなハッピー・エンディングをこしらえると、ホリーのイメージはむざんに破壊されてしまう。彼女はあれからブラジルに渡り、さらにアフリカまで放浪の旅をつづけなければならないのだ〉

この一文が日本の青少年に与えた影響は計り知れない。ハリウッド映画をクサしてもいいんだという発見！　今日もこの映画を論難する人は少なくないが、それはまちがいなく新潮文庫で龍口直太郎のあとがきを読んだ人であろう（現に私がそうだった）。

村上春樹の解説に戻ると、村上も映画を必ずしも肯定してはいない。

〈語り手の「僕」には疑いの余地なく作者カポーティ自身の姿や魂が重ねられており、ジョージ・ペパードのようなしっかりした体格の、ブロンドの髪のオール・アメリカン的ハンサムボーイとは、ずいぶんイメージが異なっている〉

ですよね。そうでしょう？　しかし、村上の解説は最後で裏切るのだ。

〈とはいえ、映画は映画として面白かった。あの時代のニューヨークの風景がとても美しく描かれていた。だから映画と比較してとやかく言うのはもうやめよう〉

ええっ、それはないんじゃない？

〈それはそれとして、誰かがこの『ティファニーで朝食を』を原典にできるだけ忠実に、もう一度映画化してくれないものだろうか？〉

そりゃまあ、映画『ティファニー』の熱烈な支持者も多いでしょうからね。とはいえ村上の如才ないかわし方は、龍口の激烈な批判のパワーにはかなわない。

日本語が更新されていく以上、翻訳小説も定期的に新しい訳に更新されるのが望ましいのは事実である。ただし文庫は、訳が代わると解説も新しく交換される。朝吹登水子や龍口直太郎の解説が現役の文庫から消えたのは、いかにも惜しい気がする。

ちなみに『悲しみよ　こんにちは』の解説では、誰も映画については言及していない。ジーン・セバーグのセシルにはみんな納得だった、ってことなのだろうか。

7　チャンドラー『ロング・グッドバイ』／フィッツジェラルド『グレート・ギャツビー』

# ゲイテイストをめぐる解説の冒険

## 五〇ページを超すあとがき

レイモンド・チャンドラー『長いお別れ』（原作一九五三／ハヤカワ・ミステリ文庫／一九七六）。

かつての男子高校生が約四八パーセント（数字は適当です）の確率で読んでいたと思われる、ハードボイルド小説のベストセラーだ。私立探偵フィリップ・マーロウを主役にしたシリーズの最高傑作といわれ、数々の名文句でも知られている。

〈さよならをいうのはわずかのあいだ死ぬことだ〉

〈ギムレットにはまだ早すぎるね〉

清水俊二の初訳は名訳といわれる。〈一九五九年三月、チャンドラーがカリフォルニア州ラ・ホヤで亡くなった。僕はそのとき、借金を返していない友だちに死なれたようなやりきれない気持になって……〉と記されたあとがきも、思い入れの強いものだ。

その『長いお別れ』が、数年前、村上春樹訳『ロング・グッドバイ』(ハヤカワ文庫／二〇一〇)として出版された(ただし、ミステリ文庫の清水訳も現役。どんな新しい訳が出ても、村岡花子訳『赤毛のアン』が絶版にならないのと同じである)。

意表を突くのは、この『ロング・グッドバイ』に寄せられた訳者・村上春樹の「あとがき」である。『ティファニーで朝食を』の解説は無難にまとめていた村上だが、〈チャンドラーの『ロング・グッドバイ(長いお別れ)』を最初に読んだのは高校生のときだった〉と定石通り、本との出会いからはじまったこのあとがきは、じつに五〇ページにもおよぶのだ。これほどの紙幅を費やした理由は何だったのだろうか。

## 男同士の恋愛小説!?

〈僕はある時期から、この『ロング・グッドバイ』という作品は、ひょっとしてスコット・フィッツジェラルドの『グレート・ギャツビー』を下敷きにしているのではあるまいかという考えを抱き始めた〉と村上は書く。〈テリー・レノックスをジェイ・ギャツビーとすれば、マーロウは言うまでもなく語り手のニック・キャラウェイに相当する〉

『ロング・グッドバイ』(一九五三)は、語り手のフィリップ・マーロウと、テリー・レノックスという男との出会いから別れまでを描いている。レノックスは富豪だったが、妻殺しの容疑を着せられ、表向きは自殺を装いつつメキシコに逃亡した。が、名前と顔を変えて再び姿を現したレノックスは、すっかり別人になっていた。ありていにいえば「男同士の苦い友情の物語」である。

一方『グレート・ギャツビー』(一九二五)は、ニューヨーク郊外の豪邸で夜ごと派手なパーティーを主催するジェイ・ギャツビーと、彼の出征中に金持ちの男と結婚したデイジーという女性の関係を描く。語り手は、デイジーの遠縁でギャツビーの隣の家に住むニック・キャラウェイ。一言でいえば「金さえあれば女はモノにできると信じた男の悲劇」である。

では、二作のどこが似ているのか。

村上は「語り手」と「語られる対象」の間に横たわる、両作の同質性に言及する。

〈語り手ニック・キャラウェイがジェイ・ギャツビーに対して徐々に抱くことになる直感的にして背反的な、そして抜き差しならぬほど深い思い(略)とほとんど同質のものが、マーロウとテリー・レノックスのあいだにも形成されており、そのような情感の静かな生まれ方と、おそろしく微妙な動き方が、どちらの作品においても、物語の展開の大きな要になっている〉

対象(レノックス/ギャツビー)に対する語り手(マーロウ/キャラウェイ)の、激しい嫌悪と抗しがたい憧憬。〈これらの物語は本当の意味での魂の交流の物語であり、人と人との自発的な相互理解の物語であり、人の抱く美しい幻想と、それがいやおうなくもたらすことになる深い幻滅の物語なのだ〉

村上は明言を避けているけど、ここは「男と男の魂の交流」と書くべきところだ。身も蓋もないことをいえば、どちらも男同士の恋愛（片想いと失恋）の物語だ、という話。

従来の読み方に比べると、これは相当斬新な説ではある。しかも『ロング・グッドバイ』の解説が期せずして『グレート・ギャツビー』の解説にもなっているという奇跡。

となると、気になるのは『グレート・ギャツビー』の解説だ。

現在文庫で出ているのは、角川文庫版『華麗なるギャツビー』（大貫三郎訳／一九五七）、新潮文庫版『グレート・ギャツビー』（野崎孝訳／一九七四）、集英社文庫版『偉大なギャツビー』（野崎孝訳／一九九四）、光文社古典新訳文庫版『グレート・ギャッツビー』（小川高義訳／二〇〇九）の四冊。また、村上春樹も翻訳を手がけていて（『グレート・ギャツビー』村上春樹翻訳ライブラリー／二〇〇六）、そちらにも長い解説がついている。

ただ、結論からいうと、これら五冊の訳者解説には（解説に必要な要素は押さえてあるものの）見るべき部分はほとんどない。〈ギャツビーがニック・キャラウェイと共に作者の分身であることはいうまでもない〉（野崎孝／一九七四）なんていってるだけだ。

村上春樹の解説も、自分がどれほどこの作品に影響を受けたかという話が中心で、平凡な印象は否めない。〈作品の根幹をなすいちばん大事な何かを、そのエッセンスのようなものを、少しでも有効に、少しでも正しく伝えることのできる翻訳〉を彼は目指したと書くが、じゃあ傍点までつけて彼が強調する〈いちばん大事な何か〉って何？

その答えは『ロング・グッドバイ』の解説の中にある！といっておこう。

もちろん文庫解説は必ず新しい解釈を提示すべきだとまではいわない。あまりに個性的な解釈を押しつけるより、ニュートラルな読み方（とはしかし何？）を示すことこそ重要だ、という考え方もあろう。だが、作品の解釈が時代によって進化するのも事実なのだ。

### ゲイ・フィクションという視点

実際、文庫解説の中には、それまでの作品の読み方を一変させてしまうものがある。私が完全に「やられた！」と感じたのは『ゲイ短編小説集』（平凡社ライブラリー／一九九九）に寄せられた監訳者・大橋洋一の解説だった。

一九世紀末～二〇世紀前半の作品を中心に〈英米系のゲイ文学として定評のあるもの〉を集

めたこの短編集には、ゲイ(男性同性愛)を描いた小説として、たとえばオスカー・ワイルド『幸福な王子』(一八八八)が収録されている。南に渡りそこねたツバメが、幸福な王子の像の命じるままに、剣の柄についたルビーや眼にはめられたサファイアを貧しい子どものいる家に届けるという、あのお話である。子どもの頃に絵本で読んだ、キリスト教的博愛主義の物語として知られる、あの『幸福な王子』が⁉

しかし、大橋の解説はキッパリいうのだ。

この作品をゲイ小説に分類することには批判があるかもしれないが、〈そのような批判はホモフォビックなもので、童話だからこそゲイ的要素を顕在化できるということを忘れている〉〈王子が殉教者的であることこそ、この作品が同性愛的欲望を喚起する条件なのである〉。

文学作品(や社会構造)におけるゲイ的要素に着目し、作品解読(と社会分析)に大きな影響を与えたのはアメリカのジェンダー研究者、イヴ・コゾフスキー・セジウィックである。

『クローゼットの認識論』(一九九〇)や『男同士の絆』(一九八五)において、彼女は「ホモソーシャル」という概念を提出し、男同士の間にはミソジニー(女性嫌悪)に基づく強く閉鎖的な連帯感があること、しかしそれを同性愛と混同されては困るので、男社会にはホモフォビア(同性愛嫌悪)という縛りが存在するのだと看破した。

大橋洋一の解説も、以上のような認識のもとに書かれている。

かつてゲイ小説を発表するのは危険な行為だった。そこで作者の自己検閲により、多くの作品は「暗号化《コード》」され、パッシング(異性愛小説としてもパスする)という手法をとった。〈その暗号を解読《クラック》することはむつかしくない〉と大橋はいう。〈しかし問題は、暗号の解読ではなく、異性愛小説つまりストレート・フィクションとみなせるものが、同性愛小説つまりゲイ・フィクションに容易に反転させられる可能性を直視することだろう〉

ゲイ・フィクションとしての可能性。

この視点を一度獲得した読者は二度と後戻りできない。そういう目で読めば、ツバメが王子への無償の愛を捧げる『幸福な王子』は同性愛小説以外の何物でもなく、『ロング・グッドバイ』も『グレート・ギャツビー』も、男性同性愛の可能性を秘めた作品としか思えなくなる。

## 『白鯨』もゲイ文学だった!

その伝でいくと、ゲイ小説という切り口でいま一度読まれるべき小説は、ハーマン・メルヴィル『白鯨』(一八五一)であろう。

エイハブ船長の復讐劇として演出されたグレゴリー・ペック主演の映画で『白鯨』を知った

つもりの読者は、百科全書的なクジラの博物学が総動員された原作に目を白黒させるのだが、同時に読者が意表を突かれるにちがいないのは、語り手のイシュメールと捕鯨船ピークオッド号で同室になったクイークェグとの、ただならぬ関係だ。

〈あくる朝の夜明け、目を覚ましてみると、クイークェグの片腕が、いともやさしく、いとも愛情ぶかげに、わたしの体に巻きついていた〉。そのふるまいに当初「わたし」は驚くが、やがて彼はクイークェグを崇拝し、彼のために改宗し、彼を「こころの友」と呼ぶまでになる。〈かくして、わたしとクイークェグは、わがこころの蜜月をベッドのなかですごしたのである――なごみ、愛しあうペアーとして〉（八木敏雄訳）

語り手のイシュメールがクイークェグへと傾斜していく過程は、どこから見ても恋愛小説そのものだ。そして訳者の八木敏雄は、巻末の解説で書く。

〈この白人の青年と南洋の筋骨たくましい「蛮人」とのホモ・エロティックな関係はあきらかである。いまでこそこれを「ほほえましい」と言うこともできようが、当時のアメリカのホモ・セクシュアリティに対するタブー意識をかんがえるならば、この「禁断」のテーマへの先駆的な、それでいて大胆率直なメルヴィルの挑戦には、感嘆を禁じえない〉

この解説が収録された八木敏雄の新訳による岩波文庫版『白鯨』（二〇〇四）が出版されるまで、

新潮文庫版（田中西二郎訳／一九五二）にも、旧岩波文庫版（阿部知二訳／一九五六〜五七）にも、講談社文芸文庫版（千石英世訳／二〇〇〇）にも、なぜか解説はついていなかった。

八木の解説がいう「ホモエロティシズム」は、ホモソーシャルとホモセクシュアルの中間に位置するエロティックな関係を指す（同性愛にも多様な段階があることは異性愛と変わりがない）。この概念を手に『グレート・ギャッツビー』『ロング・グッドバイ』を読むと、ニック・キャラウェイがギャッツビーに抱くのも、フィリップ・マーロウがテリー・レノックスに抱くのも、嫌悪と憧憬の間を揺れ動く、屈折した恋愛感情＝ホモエロティシズムにほかならない。

ちなみに『華麗なるギャッツビー』は二〇一三年にレオナルド・ディカプリオ主演で映画化された。ロバート・レッドフォード主演の旧作（一九七四）と比べると、こちらは明らかにニックの出番が多く、ホモエロティシズム的な関係が示唆されている。

『ティファニーで朝食を』に対する村上春樹の要望ではないが、『白鯨』も次に映画化されるなら、大きく描き直されるだろう。あるいは『ロング・グッドバイ』も。

## 8　シェイクスピア『ハムレット』

# 英文学か演劇か、それが問題だ

### 錯綜したテキスト

それは一五年ほど前のこと。渋谷のファミレスでご飯を食べていたら、後の席の大学生とおぼしき男子二人組の雑談が聞こえてきた。「シェイクスピアが……」という言葉が聞こえたので、オッと耳をすますと彼はいった。「シェイクスピアって誰だっけ」

もう一人が答える。「有名人っても、写真は見たことないしね」

写真は見たことなくても肖像画があるでしょうが。まあ二人は英文学科ではないんだね。で、ウィリアム・シェイクスピア『ハムレット』。

たとえ英文科の学生以外には忘れられても、いまなおこの戯曲は演劇界、そして文庫界のスーパースターである。著名な文庫はほとんど制覇。もちろん訳者はバラバラだ。内容は紹介するまでもないだろう。デンマークの王子ハムレットが、自らの命と引き替えに、亡き父王を殺して王位に就いた叔父への復讐を図る悲劇である。

『ハムレット』はテキストが錯綜していることで有名で、文庫解説の多くはその話にかなりの紙幅を割く。信頼すべきテキストは一六〇四年(〇五年説もあり)に出版されたQ2と呼ばれる版で、初版とされるQ1は劣悪な海賊版。ほかに信頼できるのはシェイクスピア全集(一六二三)に収録されたF1なるテキストだが、じつは『ハムレット』出現以前に別の作者による作品(通称『原ハムレット』)がすでに上演されており、さらにその また源流には『ハムレット』の内容にそっくりなデンマークの伝説があって……。

このへんで英文学の学生でない読者(たとえば私)は、めんどくさーい気持ちになるのだが、ともあれ現物を見てみよう。

**サムライか、サラリーマンか**

数ある日本語訳『ハムレット』の中でも特に有名なのは、上演台本としての使用回数も多い、福田恆存《つねあり》訳の新潮文庫版(一九六七。初訳は五五年)と、小田島雄志訳の白水Uブックス版(一九八三。初訳は七二年)だろう。

二つの翻訳の雰囲気の差は、ハムレットがオフィーリアに「尼寺へ行け」と命じることから

「尼寺の場」と呼ばれる第三幕第一場を読むとよくわかる。

まず、"To be, or not to be"ではじまる例のハムレットの台詞から。

〈生か、死か、それが疑問だ、どちらが男らしい生きかたか、じっと身を伏せ、不法な運命の矢弾を堪え忍ぶのと、それとも剣をとって、押しよせる苦難に立ち向い、とどめを刺すまであとには引かぬのと、一体どちらが。いっそ死んでしまったほうが。死は眠りにすぎぬ——それだけのことではないか〉(福田訳)

いやー、武士だね、ハムレット。大河ドラマみたいな雰囲気だ。

〈このままでいいのか、いけないのか、それが問題だ。／どちらがりっぱな生き方か、このまま心のうちに／暴虐な運命の矢弾をじっと耐えしのぶことか、／それとも寄せくる怒濤の苦難に敢然と立ちむかい、／闘ってそれに終止符をうつことか。死ぬ、眠る、／それだけだ〉(小田島訳)

言葉づかいは少し古いが、こちらは悩める若きサラリーマン風だ。

一度そういう先入観を持ってしまうと、もういけない。どこを読んでも福田訳は時代劇、小田島訳はサラリーマン劇に思えてくる。オフィーリアが宝石を返そうとしてハムレットに「何もやった覚えはない」と拒絶されたときの台詞もそう。

〈なぜそのような。よくごぞんじのはず。やさしいお言葉があればこそ、大切に思っておりましたのに。その香が失せましたからには、もうほしゅうはありませぬ〉（福田訳）

「ほしゅうはありませぬ」にシビれる。髪にジャラジャラかんざしをつけたお姫様みたい。

〈ま、おぼえがないなどと、そんなはずは。／これにそえてやさしいおことばまで。／そのためにいっそう／この品を大事に思っておりましたのに。その香りも失せました、／お返ししますす〉（小田島訳）

「お返しします」とキッパリいい放つあたり、ハイヒールでオフィスをカツカツ歩いているキャリアウーマン風である（ほんとかな）。

## 行動するハムレット、逡巡するハムレット

さて、解説には何が書いてあるのか。

自ら演出も手がけた福田恆存の「解題」は鼻息も荒く書く。

〈私のシェイクスピア翻訳を評して舞台の上演を主眼としたものであると言って、暗にその偏していることを諷した英文学者があり、また自分はシェイクスピアが書いたとおりに訳すと称して、あたかも私の翻訳が意訳に過ぎるかのような当てつけを書いた翻訳者がある。いずれ

も過っている。私の翻訳を待つまでもなく、シェイクスピア自身、舞台の上演を主眼として、いや、上演のために、すべての作品を書いたのである。上演に不適当な翻訳はシェイクスピアの翻訳ではない〉

福田訳が出るまでは、上演を意識しない訳が跋扈《ばっこ》していたようだ。福田はハムレットの性格分析などはするなという立場である。

〈ハムレットの最大の魅力は、彼が自分の人生を激しく演戯しているということにある。(略)ハムレットは自己のために、あるいは自己実現のために、語ったり動いたりはしない。(略)その目的は復讐である。決して自己実現などという空疎な自慰ではない〉

内面のないハムレット、行動するハムレット。だからサムライっぽいんだ。

白水Uブックス版の解説を担当するのは訳者ではなく英文学者の村上淑郎。小田島の著書を引きながら、村上はハムレットは〈内的カオスをかかえこんだ人間像〉であり、〈「価値規準を失ったものの行きつくところ、行動への決断がくだせないでいる状況」は、エリザベス朝の一青年のものであると同時に(略)「われらの同時代人」となってくる〉と記す。

悩み逡巡するハムレット。だから若いサラリーマン風なんだ。

と一応こじつけてはみたが、『ハムレット』の文庫解説って概してつまらないのよね。Q1

だのQ2だのの底本問題に言及せねばならず、謎の多い物語の解釈もせねばならず、忙しすぎて翻訳の特徴にまで手が回らないらしく、どれも英文科の学生さん向けだ。

そんな中、ひとり気を吐いているのが河合祥一郎である。

『ハムレットは太っていた!』(二〇〇一)という衝撃的な評論で読者を驚かせた英文学者は、トリックスターよろしく、自身の訳による角川文庫版『新訳　ハムレット』(二〇〇三)はもちろん、光文社古典新訳文庫版『ハムレット　Q1』(安西徹雄訳/二〇一〇。初訳は一九八三年)にも、ちくま文庫版(松岡和子訳/一九九六)にも顔を出す。

ちくま文庫版では「逡巡するハムレット、行動するハムレット」として〈矛盾する姿ではあるが、そのどちらもがハムレットの姿であることは認めなければならない〉といい、逡巡派(ロマン派)の例としてローレンス・オリヴィエ監督の映画を、行動派の例としてはメル・ギブソン主演の映画をあげる。従来は海賊版とみなされてきたQ1を底本とした光文社文庫版では、〈当時のひとつの上演を反映したものである〉として、これを積極的に評価する。

そして、自身が訳した角川文庫版では意外な情報を開陳するのである。

"To be, or not to be, that is the question"を訳せといわれたら、「生きるべきか、死ぬべきか、それが問題だ」と答える人が多いだろう。が、過去の日本語訳を調べてみると、「生きるべきか、死ぬべきか、それが問題だ」と訳した翻訳はひとつもなかった(解説では四〇種類の訳文が列挙されている)。今日手に入る文庫を見るだけでも、この通り。

〈生か、死か、それが疑問だ〉(福田恆存訳)
〈このままでいいのか、いけないのか、それが問題だ〉(小田島雄志訳)
〈生か死か、問題はそれだ〉(安西徹雄訳)
〈生きてとどまるか、消えてなくなるか、それが問題だ〉(松岡和子訳)
〈生きるのか、生きないのか、問題はそこだ〉(永川玲二訳／集英社文庫／一九九八)
〈生きるか、死ぬか、それが問題だ〉(野島秀勝訳／岩波文庫／二〇〇二)

以上をふまえ、河合は得意げにいうのである。〈本書は初めて、「生きるべきか、死ぬべきか、それが問題だ」という訳を採り入れることにした〉

そんな河合祥一郎訳は意外に古典的である。〈生きるべきか、死ぬべきか、それが問題だ。／どちらが気高い心にふさわしいのか。非道な運命の矢弾を／じっと耐え忍ぶか、それとも／怒濤の苦難に斬りかかり、／戦って相果てるか〉

サムライでもサラリーマンでもなく、これがいちばんデンマークの王子っぽい。じつはこの翻訳は、狂言師の野村萬斎のために「当て書き」されたものなのだ。

河合に新訳を依頼したその野村萬斎は「後口上」でこの翻訳のルールを述べる。〈価値観が多様化している現代では、古臭くなった近代の嗜好を捨て、作者・作品の意図を単に尊重してフラットに提示した方が、却って多くの人々に新鮮に受け入れられ、スマートだと思います〉

行動派だの逡巡派だの、人には脱線させておいて、自分たちは正統派でいくわけね。

## ハムレットは不良少年だった!?

ここでひとつ気がついた。戯曲の解説は英文学ではなく演劇的な視点で書いたほうが絶対おもしろい。こっちは英文科の学生じゃないのだから、Ｑ１Ｑ２なんてどうでもいいのよ。

その伝で出色なのは、如月小春の「鑑賞」(集英社文庫)である。劇作家で演出家でもあった如月は、映画監督でもあるベルイマン演出の舞台を紹介するのである。

兵士たちは迷彩服にヘルメット姿。ハムレットはＴシャツにダブついたズボンをはき、ナイフで自分の指と指の間を突く危険な遊びに夢中。ガムをかみ、ピアスをし、短く切った髪を逆立て、反抗的で、礼儀知らずで、でも純粋で優しいハムレット。

それは〈世界中のどこの街角にもいる、将来への希望を見失い、愛情に飢えた若者たちと重なりあうような、一人のナイーヴな青年の姿だ〉。〈この出来事を、今の時代の若者に置きかえて想像してみて欲しい。立派な父と優しい母に育てられ、幸せに暮らしていた素直で感じやすい青年がいたとして、ある日突然父が死に、母は大嫌いな叔父と結婚してしまったとしたら！〉〈おちこむ、ふてくされる、反抗する、それ以外にどんな道があるだろう！〉

この解説の共感に訴える力はすごい。「シェイクスピアって誰だっけ」な子でも理解できる。そして集英社版の永川玲二の訳はたしかに少し不良少年っぽいのである。

古典が古典というだけでありがたがられる時代は終わった。となると読みたかったのは蜷川《にながわ》幸雄の解説だ。上演のたびに台本を代えた蜷川だったら、どんな解説をしただろう。

## 9 バーネット『小公女』

# 少女小説(の解説)を舐めないで

### 一〇〇年前の少女小説

幼い頃に読んだ物語を大人になったいま読むと、どんな気持ちがするだろう。たとえば、フランシス・ホジソン・バーネット『小公女』(一九〇五)。

物語は、インドで父のクルー大尉と暮らしていたセーラ・クルーが七歳でロンドンの寄宿学校に入るところからはじまる。学校の経営者は意地悪なミンチン先生。資産家の娘であるセーラは特別待遇を与えられ、小さい子たちの面倒もよく見てみなに慕われるが、一一歳のとき父がダイヤモンド鉱山の事業に失敗して破産した上、病気で死亡。身寄りのなくなったセーラは屋根裏部屋に追いやられ、下働きをさせられるのだ。それでも同じ下働きのベッキーらに助けられ、「わたしは公女さまよ」という想像力で苦境を乗り切り、最後には父の遺産相続人を探していた亡き父の友カリスフォード氏と巡りあって、幸せをつかむ。

一般に少女小説と呼ばれる『小公女』『若草物語』『あしながおじさん』のような物語は英米文学では「家庭小説」というジャンルに分類されるが、日本での分類は児童文学。主な読者は小中学生の少女たちだ。そこにはどんな解説がついているのだろうか。

## 教訓的解説とゴシップ的解説

先に古い文庫から。子ども向けのダイジェスト版を除くと、完訳版の『小公女』として長く親しまれてきたのは、伊藤整訳の新潮文庫版『小公女』(一九五三)だろう。

〈「いいえ、わたくし、人形をはなしません」とサアラが言った。「わたくしのものはこれだけです。これはお父さまがくださったものですから。」〉

というような、ひらがな多めの文章で訳されたこの文庫は、明らかに子ども向け。

伊藤整の解説も子どもを意識しており、〈こんなにおもしろくって、かわいそうで、勇ましくって、人の心の美しさを書いたお話は、なかなかほかにには求められません〉と、その価値を力説する。そして出てくる、学校制度についての解説。

〈イギリスでは学校といえば、たいていこのお話のような、私立の学校と寄宿舎とがいっしょになったものなのです。そして校長先生は学校の経営者になっていますから、いいこともあ

り、つごうの悪いこともあります〉

舞台はロンドンの寄宿学校。この種の背景の説明は必須項目だ。もちろん、返す刀で日本の子どもたちを救うことも伊藤は忘れない。

〈このお話は、いい子どもが悪い学校にはいったために起る悲劇です〉が、〈日本のように学校がほとんどみな公立である国とは、たいへん事情がちがいます。日本のような学校ではこういう先生などは現れようがありません〉。

そんなこともないような気がしますけどね。

背景説明のほかにもうひとつ、子ども向けの解説でよく出てくるのは「教訓」だ。

〈このお話の主人公のサアラ・クルウは、どんな悲しい目にあっても、勇気を失ったり、お友だちへの愛情を失ったりしませんでした。どうしてそういうふうにすることができたか。そのところによく気をつけて読んでいただきたいと思います〉

日本の国語教育は、文学教育というより道徳教育だとよくいわれる。「主人公の気持ちになって考えなさい（共感読み）」と「作者のいいたいことを五〇字でまとめなさい（教訓読み）」のような質問はいまも授業につきものだ。その伝でいくと『小公女』の教訓は「貧しくても希望を持つことが大切だ」みたいな話になって、全然おもしろくないのだが、子どもの本である以上、解説にも教育的配慮が求められるのはやむを得ないだろう。

では、伊藤整訳と同時代のもうひとつの完訳版、角川文庫版『小公女』（川端康成&野上彰訳／一九五八）はどうだろう。やはり子ども向けの訳文にもかかわらず、野上彰の「あとがき」はまことに不可解な代物である。教育的配慮はゼロ。〈フランセス・エリザ・ホジソンは、二度結婚している〉という点に、なぜか野上はこだわるのだ。

〈子供たちにかまけてばかりいたのも原因だろうし、筆名が高くなるにつれて、主人のバーネット博士とも折合いが悪くなったらしく、それに、二人の子供をつれて旅行にばかり出ていたので、そのようなことが原因で離婚したわけだ。だから二度目の結婚に失敗すると、なおのこと、エリザは、前の夫がなつかしく、一生、バーネット夫人を名乗ったらしい〉

これではバーネットのゴシップ記事だ。さらにはこんな裏情報も。

〈エリザは、十二、三のときから小説家になって金もうけをしようと決心して〉いた。〈十六歳のときに、書きためた小説をある雑誌社に送った。短い一通のあとで有名になった手紙を添えて。／「私はお金がほしいのです」〉

それで？　お金ほしさに小説を書いたらいけない？

野上彰は川端康成に師事した文学者だが、〈バーネット夫人は、人生の問題などとは取組まず、空想のひろがるままに、自由にロマンティックなものがたりを書き続けたのだ〉とクサしているのを見ると、少女小説ごときを訳すのがよほど嫌だったのか、訳者名に川端康成が併記されたことがよほど不本意だったのか。児童文学の解説らしからぬ珍物件である。

## 階級差と植民地の問題

『小公女』の解説は、しかし今日、大きく変化している。今日的な観点から見て『小公女』には二つの問題点が内包されているためである。

ひとつは階級の問題だ。資産家の娘であるセーラと、学校の下働きであるベッキーや、セーラがパンを恵んでやるアンの間に横たわる決定的な出自の差。

もうひとつは植民地の問題。インドで生まれ育ったセーラがロンドンの寄宿学校に入学する理由は、インドがイギリスの植民地だったからにほかならない。セーラの幸福の源である父の資産が、植民地インドの収奪から得られたことも無視できない。

偕成社文庫版（谷村まち子訳／一九八五）の解説など、〈この作品にでてくる、人間を差別するかんがえに、反発を感じるのです〉とまで述べているほどだ。

二〇一〇年代に出版された新訳の『小公女』も負けてはいない。

角川つばさ文庫版『小公女セーラ』(杉田七重訳／二〇一三)は次のように書く。

〈セーラが生きた時代には、きびしい身分制度がしかれていて、貧富の差は天と地ほども大きいものでした。(略)／しかし当時、セーラのような体験をする子どもはまれで、ふつうは生まれたときに、豊かになるか、貧しくなるか、人生が決まってしまいます。作中でセーラがベッキーに、「たまたまちがうところに生まれただけ」と話す場面がありますが、この〝たまたま〟が一生を決めてしまい、ベッキーやアンのようなみなしごは、生まれてから死ぬまで他人にこきつかわれて、身を粉にして働かねばなりません〉

岩波少年文庫版『小公女』(脇明子訳／二〇一二)はこんな按配だ。

〈セーラが物語の後半で「私はプリンセスなんだ」と自分をはげますときに想像していたのは、きれいなドレスをまとって優雅に暮らしている「お姫さま」ではなく、革命などで地位を追われ、どん底の暮らしに落ちぶれようとも、けっして誇りを失わず、自分の「人民たち」を思いやることを忘れない「プリンセス」だったのであって、そんなセーラの思いを表現するのには、やはり「公女さま」という呼び方のほうがしっくりするようです〉

ね、みんな社会派でしょ？

ただし、このような解説は、一歩まちがうと「説教」や「教訓」に転化しやすい。すなわち、立場が異なる解説者の手にかかれば、教訓の質も変わるわけで。

一例が講談社青い鳥文庫版『リトル プリンセス――小公女』(二〇〇七)である。不幸な境遇に落ちたセーラが想像力で希望をみいだす姿を讃えて、訳者いわく。

〈今の日本人にいちばん欠けているのはそういう点かもしれません。国家にも社会にも家庭にも不備はあります。(略)しかし私たちが、うまくいかないことの理由を、自分以外の組織や人のせいにしても、ほとんど現実には救われないということもほんとうです〉

また、周囲への優しさにあふれたセーラを評していわく。

〈セーラはけっして利己主義ではありません。(略)この点でも最近の日本の子供たちや若者たちは、幼稚になったような気がします〉

この説教臭い解説の主は、訳者の曾野綾子である。

植民地についてもいかにも曾野綾子がいいそうなことを、曾野綾子はいうのである。

〈今まで日本では、植民地主義に関してすべてのことが悪だった、そして植民地で働いた白人たちはすべて悪い人だったような言い方をしますが、そうではないことを、私たちはこの物語の中の隠されていた部分にも発見するのです〉

貧しさは自己責任論に還元され、植民地主義は半ば肯定され、物語の美質はなべて〈今の日本人が失ってしまった実に多くのみごとな人の心〉と解釈される。

『小公女』までダシにするんだもんな。困ったもんだな、曾野綾子。

### 文学に教訓はいらない

教育的配慮の件に話を戻す。はたして児童文学の望ましい解説とはどんなものなのか。

文庫ではないが、出色なのは福音館童話シリーズ『小公女』(高楼《たかどの》方子訳／二〇一一)に寄せられた英文学者・原田範行の解説だった。「学校、インド、想像力」と題されたこの解説は、物語の背景を伝える「社会科系の解説」として傑出している。

ここに出てくる女学校は私塾のようなもので、『小公女』が出版された一九〇五年(二〇世紀初頭)にはもう姿を消していたこと。ダイヤモンド鉱山はイギリスのインド支配の象徴だったが、一九〜二〇世紀のダイヤモンドの主産地は南アフリカなどに移っていたこと。原田の解説は作者がそれでも時代遅れな設定を用いた理由を考えさせ、階級と植民地主義を超えた存在であるインド人の召使い・ラムダスへの注意を喚起するのだ。

〈ラムダスこそは、セーラが、まさにインドで覚えたヒンドゥスターニー語を駆使して語りかけ、お互いに気持ちを理解しあえる大切なインド人の友になるのです〉。彼の存在があればこそ〈セーラをめぐるインドとの関わりの重心は、漠然とした記述にとどまるダイヤモンド鉱山から、具体的なインド人との心の通ったやりとりへと進化しているのではないかと思います〉。

一九世紀イギリスの社会状況と、これを読む今日的意義を浮かび上がらせる手腕。原田の解説は、子ども向けの解説でもここまで書けるという見本だろう。

そう、児童文学の解説に半端な「教訓」なんかいらないのだ。必要ならば、彼らは自分のための教訓を自分で見つけ出すだろう。

解説がしてやれるのは、そのための情報を提供することだけである。子どもは解説なんか読まないって、というのは大人の思い込みである。子どものときに読んだ本は一生の財産になる。児童文学の読者を一人前の大人として扱う。それを教育っていうんじゃない？

10　伊丹十三『ヨーロッパ退屈日記』『女たちよ!』

# おしゃれ系舶来文化の正しいプレゼンター

## 六〇年代のおしゃれエッセイ

いまとなっては映画監督のイメージが強い伊丹十三は、かつては俳優でありデザイナーでもあるというマルチタレントのハシリみたいな人だった。

その伊丹十三の文筆家デビュー作が『ヨーロッパ退屈日記』(一九六五)である。

初版の表紙には〈この本を読んでニヤッと笑ったら、あなたは本格派で、しかもちょっと変なヒトです〉という山口瞳のキャッチコピーが躍り、裏表紙にも山口の紹介文がついていた。〈映画について、スポーツ・カーについて、服装・料理・音楽・絵画・語学について彼が語るとき、それがいかに本格的で個性的なものであり、いかに有効な発言であるかがよくわかる。マニアワセ、似せもの、月並みに彼は耐えられないのだ。私は、この本が中学生・高校生に読まれることを希望する。汚れてしまった大人たちではもう遅いのである〉

これだけで、解説としてはもう十分でしょ。

そのためか、かつての文春文庫版(一九七六)には解説がなかった。『ヨーロッパ退屈日記』は翻訳モノではない。しかし、海外文化を日本の若者たちに紹介しようという試みは、翻訳家の仕事に近いものがある。いわば海外文学の「訳注」だけを集めたようなエッセイ集。伊丹自身は〈婦人雑誌の広告に、ほら、「実用記事満載!」というのがあるでしょう。わたくしの意図もまたこの一語に尽きるのであります〉と述べている。訳注の集成。しかも実用書。そんな本の解説が可能なのか。さあ、どーする。

## 弟子の立場で書かれた解説

新潮文庫版『ヨーロッパ退屈日記』(二〇〇五)の解説は、次のようにはじまる。

〈『ヨーロッパ退屈日記』は、一九六五年の高校生にとって一大衝撃だった〉

解説者は作家の関川夏央。

〈ジャギュア(ジャガー)という呼び方、アーティショー(アーティチョーク)という不思議な野菜、マルティニ(マティーニ)という夏のかおりのするカクテル。/洗髪はその頃石鹸からシャンプーにかえたもののリンスはいまだ知らず、グレープフルーツはグレープの親玉のようなくだものだろうと想像するのみで、フランスにはレストランの辛辣な批評を兼ねたミケリンという自動車旅行ガイドブックがあるとイアン・フレミングの小説で覚えたばかり、一ポンド一〇〇八円時代を生きていた私には、まさに驚きの連続だった〉

解説を読むだけでもおもしろいじゃないの！

〈スパゲッティについての彼の講釈〉と述べたくだりなんて、もう最高。

〈一九六〇年代当時、日本には喫茶店が無数にあり、そこでは軽食も出した。その定番がスパゲッティ、なかんずくケチャップをからめてハムの細片などの具を散らせた「ナポリタン」だった。それを伊丹十三は、スパゲッティではない、といった。得体不明、理解不能のしろもの、あえていえば「いためうどん」にすぎない、といった〉

「スパゲッティの正しい食べ方」と題する項で伊丹は書いた。

〈まず、イタリーふうに調理したスパゲッティの前にきちんと坐る。／スパゲッティとソースを混ぜあわせたらフォークでスパゲッティの一部分を押しのけて、皿の一隅に、タバコの箱くらいの小さなスペースを作り、これをスパゲッティを巻く専用の場所に指定する〉

ここをとらえて〈「指定する」という言葉あしらいが高校生の私にはニクかった〉と書く関川。

伊丹のレクチャーはさらに続く。

〈さて、ここが大事なところよ、次に、フォークの先を軽く皿に押しつけて、そのまま時計廻りの方へ静かに巻いてゆく、のです。／そして、フォークの四本の先は、スパゲッティを巻き取るあいだじゅう、決して皿から離してはいけない〉

この部分に反応して関川いわく。

〈なるほど、なるほど。これが人に技能を伝達する技能に満ちた文体というものか。だが当時の「ナポリタン」は異常に盛りがよかった。異常に皿が小さかった。おまけにゆですぎのせいでスパゲッティがぶつぶつ切れたから、伊丹十三の教えるようにするのは至難だった〉

一見、ただの笑い話である。だがこれは、なかなかの職人芸なのだ。

第一に、師（著者）に対する弟子（解説者）の立場に立っていること。〈中学生・高校生に読まれることを希望する〉と書いた山口瞳に呼応した、理想の読者の立ち位置だ。

第二に、本書をあくまで実用書として遇していること。著者の伊丹が実用書だと述べている以上、この本に「鑑賞者」としての解説をつけたら無粋のきわみになってしまう。

**著書と解説の幸福な関係**

もう一冊。ライバル関係にある解説を読んでみたい。『ヨーロッパ退屈日記』と同時に文庫化された続編『女たちよ！』（新潮文庫／二〇〇五／親本は一九六八）だ。

こちらの解説は池澤夏樹。当時フランス在住だった池澤は、冒頭で日本で買い込んだイギリス製のウースターソースの瓶が洩《も》った、という話からはじめる。

〈ぼくは『女たちよ！』の一節を思い出した。イギリスの車はオイルが洩るという話題に即して、ロータスのエンジニアのこういう言葉が引用される――〉

引用部分にはパッキングを信用してはいけない、油は洩るものなのだという「イギリス人の物の考え方」が紹介されているのだが、そこは省略。

〈ここで大事なのは、深夜のホテルでソースの匂いを嗅いだとたんにぼくが伊丹十三のこの一節を思い出したということだ。かつて『女たちよ！』はそれほどぼくにとって親しい本だった〉と池澤は述べる。この種の軽いユーモアに富んだエッセイはいまでは珍しくないけれど、〈一九六八年にはこれはまったく新しい、挑発的な、驚くべき本だった。ぼくたちは一種まぶしいものを見るような思いでこの本を手にした〉のだと。

アプローチの方法こそちがえ、第一の姿勢（理想的な読者）、第二の姿勢（実用書として遇する）を、池澤の解説も踏襲しているのがわかります？

八〇年代にマニュアル文化が広まるまで、男が食べ物やファッションについて云々するのは日本ではハシタナイこととされてきた。ヨーロッパ帰りの伊丹十三は、それより二〇年も前に、スノビズムを炸裂させて、舶来文化の何たるかを説いたのである。

残念ながら『ヨーロッパ退屈日記』のような何十年も前の、しかも一時代を画するような本の解説は、誰にでも書ける代物ではない。解説の有資格者は、同時代人としてその衝撃に直接ふれた者に限られる。

しかし、感化されすぎてもいけない。この種の解説に必要な第三の要素は、現在の視点から当時を振り返り、本を相対化する視線をもっていることなのだ。

実際、関川&池澤の解説は、体験を離れてここから独自の展開へと移る。

関川はいささかの寂しさもまじえて告白する。〈いま、皿が大きくなり、「アル・デンテ」なゆでかたが普及しても、私はあまり伊丹十三の指示にはしたがわない。(略)長じてさまざま経験を積み、その結果ヨーロッパ文化というものに距離をおいて接するようになったという事情も多少は関係しているのだろう〉

そして伊丹が松山ですごした青春時代に言及し、〈松山での最大の収穫は「退屈」〉としたうえで〈この松山時代が伊丹十三を伊丹十三たらしめたと私は考えている〉と分析。最終的にはこの本を〈一個の「文芸的ナイーヴティ」が、自慢話と雑知識にまぶして行なった自己表白〉

〈戦後青年を挑発しつつ勇気づけた、すぐれた青春文学〉と位置づけるのだ。

一方、池澤の解説は、文明論へと至る。かつて自分は〈いつか自分も正しいスパゲッティを作って食べ、ロンドンに行き、そこでホンモノに出会いたいと思った〉が、それが実現してしまった今は〈懐かしく、ほほえましく、少しだけ悲しい〉。〈彼の啓蒙がおおかた達成されたにもかかわらず、あるいはその結果として、この国がこんな風になってしまった〉ことをどう考えたらいいのか。〈これはもう悪い冗談のようなもの。ルイ・ヴィトンはよいブランドだが、だからといって誰も彼もがあのバッグを持てばいいというものでもないだろう〉

著者の経歴に着目した関川と、日本の消費社会を分析した池澤。両者の棲み分けまで含め、二冊の本の解説は、本文にも負けない良質なエッセイとして読めるものに仕上がった。一粒で二度おいしい文庫。著書と解説の幸福な関係である。

**著書と解説の不幸な関係**

ただし、このような幸福な関係が、いつも実現するとは限らない。

反対の事例はこちら。伊丹十三のエッセイと同じ六〇年代に出版され、青少年に多大な影響を与えた寺山修司のエッセイ、すなわち『家出のすすめ』(『現代の青春論』を改題。一九六三)と『書を捨てよ、町へ出よう』(一九六七)である。

〈地方の若者たちはすべて家出すべきです〉(『家出のすすめ』)と若者たちをけしかけるこれらの本は、伊丹十三ほどに軽妙洒脱ではないが、当時の若者を刺激した「反俗の書」という点では共通していた。おそらくは、この本に感化されて家出を夢見、書を捨てて街頭へ飛び出していった青少年も少なからずいたはずなのだ。

しかるに、角川文庫版の寺山エッセイは、解説者の選択を誤った。

角川文庫版『家出のすすめ』(一九七二)の解説を書いているのは竹内健。寺山と親しかった翻訳家である。自身の日記を開陳しつつ、彼は得々と述べる。〈寺山修司が本書を書いていたのは、実はこの時期なのである〉とか、〈当時私は、きわめて精力的に寺山と共に映画・演劇を観ている〉とか。

徹底して「寺山の友人」の立場からの解説。〈昔ながらの家体制に縛られた青年には、強く心の拠り所となったかも知れない〉とかいってるが、その視線はどこまでも他人事だ。

中山千夏による『書を捨てよ、町へ出よう』(角川文庫/一九七五)の解説はもっと意味不明である。まるで健忘症自慢。〈ここ一週間ばかり、寺山修司という人の姿を初めて見たのは、いつ、いかなる媒体によってであったか考えているのだけれど、どうしても思い出せない〉なんちゃって、著者のつかみどころのなさを強調するだけ。

二冊の問題点は明らかである。著者と解説者が同世代。本に影響された世代ではなく、どちらも知己であることに寄りかかった解説なのだ。角川書店は（あるいは生前の寺山修司は）、大切な解説をなぜ、こんなご友人たちに依頼したのだろうか。もしくは二〇〇〇年代の改版時に、なぜ新しい解説者を立てなかったのか。

『家出のすすめ』『書を捨てよ、町へ出よう』に相応しい解説者は、この本を読んでうっかり書を捨てて家出をしてしまい、そんな自分を現在の視点から苦笑まじりに振り返ることができる、当時の読者だった元青少年以外にないだろう。

伊丹十三（一九三三年生まれ）と寺山修司（一九三五年生まれ）は、ほぼ同世代。エッセイが出た時期もほぼ同じ。「団塊世代の兄貴分」という立ち位置も、マルチなクリエイターとして若者たちの心をつかんだ点も似ていた。しかし、半世紀が経過したいま、伊丹のエッセイは解説の力で輝き、寺山のエッセイは解説のせいで輝き損ねているのである。啓蒙タイプのエッセイの解説は書き手を選ぶ。若者へのメッセージを込めた本の解説は、その当時若者だった「正しい読者」にしか書けないのだ。

11 新渡戸稲造『武士道』／山本常朝『葉隠』

# 憂国の士が憧れるサムライの心得

### ブームは二一世紀にも

新渡戸稲造『武士道』（一八九九）。書名はたいへん有名だが「中身を知ってる？」と質問すると、意外とトンチンカンな答えが返ってくる率が高い。

「武士道？　やだな。いくらワタシが無教養だからって、そのくらいは知ってますよ。武士道とは死ぬことと見つけたり、ってやつでしょう？」

だからね、それは『武士道』じゃなくて『葉隠《はがくれ》』だって。

周知のように（と偉そうにいってるが、白状すれば私の知識もほんの最近までは右と同程度でした）、『武士道』はアメリカで療養中だった新渡戸が英語で書いた本である。一八九九（明治三二）年にアメリカで出版され、一九〇八年、櫻井鷗村《おうそん》による日本語訳が出版された。ドイツ語、フランス語、ポーランド語などにも訳された世界的なベストセラーである。

二一世紀以降では、二〇〇四年にブームになったのが記憶に新しい。キッカケは映画「ラスト・サムライ」が公開され、主演のトム・クルーズが『武士道』を何度も読んだと述べたことだったようだが、イラク戦争の頃でもあり、陸上自衛隊の第一次イラク復興支援群長(番匠《ばんしょう》幸一郎一等陸佐(当時))が派遣に際し、こう挨拶したことも話題になった。「日本人らしく誠実に心をこめ、武士道の国の自衛官らしく規律正しく堂々と取り組みます」

「武士道の国の自衛官」とは、はてどんな自衛官？

## 日本人はこれでよいのか

ともあれ現物を読んでみることにいたそう。

『武士道』の各種訳本のなかでも、もっともよく読まれているのは、名訳で知られる矢内原忠雄訳の岩波文庫版『武士道』(一九三八／改版一九七四、二〇〇七)だろう。ときに文語調がまじる絶品の日本語。書き出しからして名文だ。

〈武士道《シヴァリー》はその表徴たる桜花と同じく、日本の土地に固有の花である。それは古代の徳が乾からびた標本となって、我が国の歴史の腊葉《さくよう》集中に保存せられているのではない。それは今なお我々の間における力と美との活ける対象である〉

後の訳本と比べても、矢内原訳にまさる名訳は見当たらないように思われる。
しかし、凝った訳文にくらべると、矢内原の解説(「訳者序」)は素っ気ない。この本が世に出た一九世紀末の時代背景を踏まえて矢内原は書く。

〈日本に対する世界の認識のなおいまだ極めて幼稚なる時代であった。その時にあたり博士が本書に横溢する愛国の熱情と該博なる学識と雄勁《ゆうけい》なる文章とをもって日本道徳の価値を広く世界に宣揚せられたことは、その功績、三軍の将に匹敵するものがある〉

最大級の賛辞ではあるけれど、作品の評価はほぼこれだけ。

それに比べて後世の訳者(兼解説者)は冗舌だ。特に興味深いのは、必ずといっていいほど、彼らが自身と『武士道』の出会いを語っている点だ。

〈戦前から戦後にかけて、武士道とは何であったかを考えたことはない。ごくありふれた考え方、つまり私の近代合理主義思考が、それをまったくの反動思想だとして、研究の窓からほうり出していたのだ〉

このように告白するのは歴史学者の奈良本辰也だ(知的生きかた文庫/一九九三/親本は一九八三)。近代合理主義者だった自分。しかし、あるとき必要があって『武士道』を読んだ奈良本は、〈ハッと胸を打たれたのであった〉。

〈私の生家は、武士と名のつく家ではない〉が〈「義を見てせざるは勇なきなり」とか「卑怯であってはならぬ」とか、また「名を惜しむ」などということは、何よりも子供の頃から、頭の中に叩きこまれてきた言葉だった〉。民主主義は大切だが〈それらの根底に義に匹敵するようなものがあるだろうか。日本人は、これでよいのだろうか〉。〈私は、本書の中に流れている、烈々たる日本人の心を、もっともっと知ってもらいたいように思う〉

同工異曲の例をもう一冊。評論家の岬龍一郎によるPHP文庫版『武士道』(二〇〇五／親本は二〇〇三)の解説である。

〈もしこれが、江戸時代に書かれた封建制を支えるような忠君主義的なものであれば、歯牙《しが》にもかけなかったであろう〉と、岬もまた告白する。

〈それどころか四十歳ごろまでの私は、いまの若い人と同様に、武士道など封建的な〝過去の遺物〟としか見ていなかったのだ〉と。〈〝全共闘世代〟に属する私にとっては、マルクスやレーニン、キルケゴールやサルトルといった西洋哲学のほうが身近であり、江戸幕藩体制を支えた武士道など民主主義にはそぐわないものと勝手に見なしていたのである〉

しかし、そんな全共闘世代の岬にも転機が訪れる。

〈日本が驚異的な速度で経済大国になるにしたがい、日本人がかつて持っていた「清廉」とか「栄辱《えいじょく》」とかいった生き方を忘れ、いつしか世界中から「エコノミック・アニマル」と蔑《ま》れるようになっていた。そして、そのあげくバブルに踊り狂った無節操で傲慢な日本人を目のあたりにしたとき、柄にもなく、「本来の日本人はこんなはずではなかった」との思いを巡らせ、ふと手にしたのがこの『武士道』だったのである〉

まとめてみよう。二人の解説は同じ形式と順序を踏襲している。

①近代主義者である自分は武士道を唾棄すべきものと見ていたが、

②「日本人はこれでよいのか」と思ったときに『武士道』が心をとらえた。

③ここには日本人が忘れた規律があり、

④民主主義の世にあってもなお読まれるべき価値がある。

要は「いまこそ『武士道』に学べ」という話。

「この本に学べ」は文庫解説の常套句ではあるが、いささかナイーヴすぎる。というのも新渡戸はべつに「武士道の精神に戻れ」とはいっていないからである。

〈武士道は一の独立せる倫理の掟としては消ゆるかも知れない〉(矢内原訳)

という最後の部分など、ほとんど武士道への鎮魂歌である。「さらば武士道」という書名にしておけばよかったのかもしれない。

## じつはサラリーマンの心得帖

武士道の指南書として流布しているもう一冊の本も見ておくことにしよう。

さよう、くだんの『葉隠』である。

『葉隠』（一七一六＝享保元年）は、佐賀鍋島藩の藩士だった山本常朝《つねとも》が後に出家し、その山本の口述を弟子の田代陣基《つらもと》が筆記した書物である。現在入手しやすい文庫版は、和辻哲郎＆古川哲史の校訂による岩波文庫版『葉隠』全三巻（一九四〇、四一）と、『武士道』も翻訳している奈良本辰也が現代語に訳し、かつテーマ別に編み直した知的生きかた文庫版『葉隠』（二〇一〇／親本は二〇〇四）である。

巻頭の解説（「武士道の真髄――『葉隠』を読む人のために」）で奈良本辰也は書く。

〈若いころのことを思うと、私は『葉隠』という本にひどく反発を感じていた。（略）／そのころ、ヨーロッパの近代思想に心酔していた私たちにとっては、偏狭ということだけで、すでにそれは唾棄されるものになっていたのである〉

ところが、大学紛争や公害問題を機に、彼は〈ヘーゲルやマルクスの発展概念であり、ドイツ古典哲学の理性を中心とした考え方〉に疑問を抱くようになる。

そんなとき、講義の材料として出会ったのが『葉隠』だった。

〈『葉隠』の文章は小気味のよい響きを持っていた。そして、読んでゆくほどに、それが蔵している不思議な美学が私の心をとらえた。／私は、それからすっかり『葉隠』の魅力に取りつかれたのである〉

あれっ、どこかで読んだな、こういうの。

ご明察なり。『武士道』の解説と『葉隠』の解説は、ほとんど同じなんですよ。

むろん古典とは常に、かような評価を得てナンボのものではあろう。岩波文庫版『葉隠』の解説（改定版の「はしがき」一九六五）で、古川哲史も〈『葉隠』の思想には民主主義の現代にあってもなほ滋味豊かなもののあることを信じて疑はない〉と書いているしね。

とはいえ、やはりモヤモヤは残る。なぜなら『葉隠』は大小さまざまな四八の武士（というより武家の奉公人）の心得を列挙した本。いってみれば近世の「サラリーマン心得」、自己啓発書に近似する本で、深淵な哲学が特に述べられているわけではないからだ。

有名な〈武士道といふは、死ぬ事と見付けたり〉は冒頭近くに登場する。

奈良本の現代語訳では〈武士道とは、死ぬことである。生か死かいずれか一つを選ぶとき、まず死をとることである〉。

だが、これは「何かあったら腹を切って死ね」ではなく「仕事は死ぬ気でやれ」の意味に近い。「首斬り」「腹切り」は現代のサラリーマン社会にもつきものである。「サラリーマンたるもの、いつも辞表を出す覚悟でいろ」というではないか、いまだって。

実際、その他の教えもわれわれが想像するような戦国時代っぽいファナティックな「武士道」ではない。「大酒を飲み過ぎるな」「利口ぶるやつは出世しない」「出世したけりゃ功を焦るな」。身なりはああせ、言葉遣いはこうせ。その種の処世術がほとんどだ。

女子の心得をあれこれと口うるさく記した近世『女大学』の男子版。『葉隠』は武士階級の男子を対象にした、いわば『男大学』なのだ。

## マジで読むか、ネタにするか

さあ困った。はたしてわれわれは、生きた自己啓発書としてこれを「本気《マジ》」で読むべきか。それともあくまで歴史的な「資料《ネタ》」として扱うべきか。

『武士道』は武士道についてはじめて体系的に書かれた本といわれる。出版されたのは日清戦争後である。想定されているのは海外の読者。欧米に広がった「幼稚で残酷で野蛮な日本人」というイメージを払拭するのが新渡戸の意図だったともいわれる。

一方で、しかし日本はすでに明治維新から三十数年が経過していた。山本博文訳『現代語訳武士道』(ちくま新書／二〇一〇)の解説によれば、〈新渡戸が本書を書いた頃には、日本でも名誉や道徳よりも金銭的利害のほうに重きが置かれるようになっていた〉。すなわち当時においても武士道は「一時代前の失われた気風」だったのである。

『葉隠』も同様で、書かれたときには、戦国の世が終わって一〇〇年以上が経過していた。岩波文庫版の古川哲史の言葉によれば、この時代は〈慶長の末にすでに弱みが認められた肥前の槍先が百年の平和に甘やかされた後〉だった。その風潮は〈武士の町人化・女性化・余所風化、これである。余所風化は江戸風化と言ひかへてもよ〉く〈古い武士の風儀をなつかしむ人々にとつては堪へられないことであつた〉。

まとめてみよう。二冊の本は、似たような時代背景と同じ執筆意図を持っていた。すなわち

①時代の大転換(明治維新・江戸幕府開闢《かいびゃく》)によって、
②失われた過去の気風(美風)を、
③日本を(当時を)知らない人々に伝える。

おわかりだろうか。だからこそ「日本人はこれでよいのか」な人々に支持され、今日まで生き残ったのだ。だってもともと「過去の栄光」の話なんだから。

しかし、二冊の解説は、武士道がどんな形で消費されてきたかを身をもって示している点で興味深い。「日本人はこれでよいのか」と思ったときに読まれる書。そんな解説に牽引されて「いまの日本人はたるんでる」と考える読者。一〇〇年前、いや四〇〇年前から同じことがくり返され、とうとう自衛官の挨拶にまで武士道は登場するに至ったのだ。

もっとも語る側にしてみたら、この種の語りは楽しい「昔語り」である。

「君たち西洋人は知らぬと思うが、日本の文化はこうなのである」

「若い諸君は知らんだろうが、昔の日本人はこうだったのじゃ」

新渡戸稲造も山本常朝も不マジメだったとはいわないが、そりゃ多少の誇張《ネタ》は入るわね。ちっとは話も盛りたくなるでしょ。考えてもみなさいよ。受け手はどこまでも真剣《マジ》である、ご機嫌になるなというほうが無理な相談ではござらぬか。

# Ⅲ　なんとなく、知識人

12　庄司薫『赤頭巾ちゃん気をつけて』／田中康夫『なんとなく、クリスタル』

# ン十年後の逆転劇に気をつけて

## 小説が社会現象になるとき

文学の世界はふだんは地味に推移しているが、ときに社会現象と呼ばれるほどのヒット商品を生むことがある。作者が若く、作品が若者風俗を扱っていたりすると、日本人は発情してすぐに飛びつく癖がある(あった)のだ。

『太陽の季節』はその最初に近い例だろう。文學界新人賞(一九五五)と芥川賞(一九五六)をW受賞した石原慎太郎二三歳のデビュー作。単行本は当時としては破格の三〇万部を売り、映画も大ヒット。「太陽族」という言葉まで生んだ。

新潮文庫版(一九五七)の解説で、奥野健男はこの作品が〈大人たちからは、ひんしゅくと好奇心で、同時代の青年たちからは、共感と羨望で迎えられた〉ことを紹介する。そして芥川賞の選評を参照しつつ〈その新鮮な面白さに驚嘆しながらも、一面反撥《はんぱつ》といやみとを本能的に感ざるを得ない〉中年文学者たちの言葉には〈新世代の青年に対するさげすみと、羨望《せんぼう》の念とが混り合っている〉と述べる。

〈竜哉が強く英子に魅かれたのは、彼が拳闘に魅かれる気持と同じようなものがあった〉ではじまる小説は、高校生の竜哉と女子大生の英子を中心に、不良少年ぶった湘南ボーイたちの偽悪的な青春を描いている。この作品の登場は当時「社会的な事件」だったのだ。

このような「事件的作品」の文庫解説には総じてひとつのパターンがある。

①作品発表当時の騒動を紹介しつつ、

②旧世代の戸惑いを軽くいなし（あるいはあざ笑い）、

③新世代の文学の新しさをこれ見よがしに賞賛し、

④何よりも文体や感覚が新しいのだと述べる。

『太陽の季節』に付された奥野の解説はまさにそれ。

世間が眉をひそめる作品の側に立ち、〈観念や内容だけが新しいのでなく、感性自体が異質なのだ〉と若者の感覚を代弁する奥野はさぞや気持ちよかっただろう。

## 『赤頭巾ちゃん』は戦いの書？

とはいえ、このパターンで「事件的作品」がすべて解説できるとは限らない。〈大人たちからは、ひんしゅくと好奇心で、同時代の青年たちからは、共感と羨望で迎えられた〉作品にも一筋縄ではいかぬ場合がままあるからだ。いつもの調子で得々と解説してると足元をすくわれ、のちのち無様なことになりかねない。

一例がこれ。一九六九年の芥川賞受賞作、ミリオンセラーとなった、庄司薫『赤頭巾ちゃん気をつけて』（一九六九。以下『赤頭巾ちゃん』と略す）である。

〈ぼくは時々、世界中の電話という電話は、みんな母親という女性たちのお膝の上かなんかにのっているのじゃないかと思うことがある〉という書き出しは、眉間にしわの寄った従来の文学作品にはない軽さ。この文体自体が当時は「大事件」だった。

語り手の「ぼく」は東大入試が中止になって浪人の身となった「薫くん」こと「庄司薫」。作者と同姓同名の主人公を語り手に据え、現役の一八歳が自ら語っているような錯覚を与えつつ、物語は一九六九年三月のある日曜日の出来事を語っていく。

幼なじみの由美と口論し、美人外科医のエロティックなふるまいに驚き、同級生の小林の理屈っぽい愚痴を聞き、最後は数寄屋橋の交差点で出会った幼い少女に「赤頭巾」の絵本を選んでやる。一見他愛ない青春小説である。

今日の読者にはしかし、若干の注釈が必要かな。主人公が卒業した東京都立日比谷高校は戦前の旧制府立一中で、東大に最多の合格者を出す日本一のエリート校だったこと。東大入試の中止は、前年の東大紛争（学生側からいえば東大闘争）の影響だったこと。

中公文庫版（一九七三）の文芸評論家・佐伯彰一の解説は、もちろんくだんのパターンを踏襲していた。〈わが国のとくにインテリ作家には独特なてれがあって、観念的、思想的な新現象に対してはひどく敏感で、たちまち作中にとりこみたがるのに、風俗的な新現象となると、うって変った慎重ぶり、臆病ぶりを示して、なかなか取り上げようともしない〉と旧世代の文学者をからかい気味に論難する。一方、『赤頭巾ちゃん』に関しては〈意外なほど機智とユーモアにあふれた愉しい風俗小説だ〉と無邪気に持ち上げる。

佐伯がいう「新現象」が電話（携帯電話じゃないからね）である点は時代を感じさせるが、〈いささか素直で、「やさし」すぎるところが、頼りないような気もするものの〉、庄司薫の主人公は〈ごく普通の日本の若者で、みずからの若々しい可能性と、他者との競争との間のかかわりといった、地についた問題に頭を悩ましている〉。それが佐伯の見立てである。当時のおおかたの読者の感想も大同小異だったろう。

しかし、ここには重大な誤解がある。少しばかりていねいに読めば、誰にでもわかること。この小説はむしろ、佐伯がインテリの悪癖と切り捨てた〈観念的、思想的な新現象〉を述べた書であり、表層の軽さこそが〈独特のてれ〉なのだ。表面的な新風俗や語り口に、解説者と読者はまんまと騙されたのである。

それを明るみに出したのは、政治学者の苅部《かるべ》直《ただし》による新潮文庫版(二〇一二)の解説だった。刊行から四四年後、文庫発行の三九年後。唯一の文庫解説として長く君臨していた佐伯の呑気な解釈に正面勝負を挑むように、苅部は開口一番ブチ上げた。

〈これは戦いの小説である。あえてもっと言えば、知性のための戦いの〉

主人公の薫は〈うぶで純粋で、人生の行き先を考えあぐねるモラトリアム状態にさまよっているだけの若者でない〉と苅部はいい、日比谷高校出の東大受験生という語り手の属性が〈大人たちの憐れみや揶揄〉の対象になっていることを指摘する。さらには〈ひたすら「感性」の解放のみを賞揚して「知性」を嘲笑するような「狂気の時代」〉に対する主人公・薫の激しい怒りを紹介したうえでこう述べるのだ。

〈ここで「薫」がひたすら守ろうとしているのは、「ぼくの知性を、どこまでも自分だけで自由にしなやかに素直に育てていきたい」(第七章)と語る、知性にむけた願いである。(略)自由と他者への愛とを両立させるための最小限の倫理を、しなやかな知性によって確保すること。第三章に登場する「すごい思想史の講義をしている教授」のモデルになった、政治学者、丸山眞男の姿を想起してもいいだろう〉

ちなみに作者の庄司薫が東大法学部の丸山眞男ゼミに所属していたのは有名な話。彼はまた一九三七年生まれで、一九五〇年ないし五一年生まれの主人公より一世代上に属する。この小説は佐伯がいうような〈ごく普通の日本の若者〉の告白などでは全然ないのだ。

## 『なんクリ』は資本論!?

もう一冊、文庫解説によって大きな価値転換が図られた例を見てみよう。『なんとなく、クリスタル』。一九八〇年の文藝賞を受賞した田中康夫のデビュー作である。翌年の芥川賞にノミネートされるも落選したが、単行本はたちまちミリオンセラーになった。

インテリ層の『なんとなく、クリスタル』（以下『なんクリ』と略す）に対する評価は『赤頭巾ちゃん』の比ではなく、嫌悪に近いものだった。

〈ベッドに寝たまま、手を伸ばして横のステレオをつけてみる。目覚めたばかりだから、ターン・テーブルにレコードを載せるのも、なんとなく億劫な気がしてしまう〉という書き出しは、たしかに知性が欠落しているように見える。

「私」こと由利は恋人の淳一と神宮前のコーポラスで同棲中。ふたりは大学生だが、由利はモデルをしており、淳一はフュージョン系のバンドでキーボードを弾いている。小説にはおびただしい数のブランドや店やミュージシャンの名前が登場し、それにいちいち注(全部で四四二個)がつく。

文藝賞の選評で、江藤淳がこの小説に付けられたおびただしい数の注は、〈「なんとなく」と「クリスタル」とのあいだに、「、」を入れたのと同じ作者の批評精神のあらわれ〉と評してこの小説を評価したのは有名な話だが、当時それを理解した人は希だった。消費社会を彩る固有名詞に疎い大人たちは、おおむね眉をひそめたのである。

そのためか、八三年の河出文庫版『なんクリ』には解説がない。

はじめて解説がついたのは刊行の三三年後、河出文庫の新装版(二〇一三)だった。

解説者の高橋源一郎は、小説に描かれた〈「クリスタルな生き方」の空疎さを批判した〉当時の人々を〈的はずれだった〉とあっさり退ける。この小説は〈「クリスタルな生き方」を称揚するといった小さな目的のために書かれた小説ではなく、実は、「文学そのものを批判」する小説だった〉。〈文学関係者、あるいは、「文学が好き」と「なんとなく」思いこんでいる読者た

ちの怒りをかったのもそのためだったのだ〉

解説の白眉はしかし、次の部分だ。

〈いまから三十三年前、『なんとなく、クリスタル』を初めて読んだ時、ぼくは、二つの矛盾する感想を抱いた。(略)このような小説はいままで読んだことがなかったが、このような本なら読んだことがあったからである。／それは、カール・マルクスの『資本論』だ〉

ええええっ、ししし資本論⁉

ハッタリにも思えるこの見立てを、高橋の解説は〈『資本論』における「本文」と「注」の関係〉に注目することで見事に論証してしまった。

〈社会の仕組みを冷静に「解釈」する「本文」に対し、左側の「注」では、その実例が熱をこめて語られ〉た『資本論』。それまでの経済学者は資本主義を解釈しようとしたが、マルクスは〈自分が書くものは「経済学」の本ではなく、「経済学批判」の本なのだ〉と自覚していた。『なんクリ』の構造も同じ。〈これほど深く、徹底的に、資本主義社会と対峙した小説を、ぼくは知らない。マルクスが生き延びていたら、彼が『資本論』の次に書いたのは、『なんとなく、クリスタル』のような小説ではなかったろうか〉

いやー、マルクスも草葉の陰でびっくり仰天しただろうね。

とまれ、多少強引だとしても、この解説がエキサイティングなことは誰しも認めざるを得ないだろう。『なんクリ』の解説としても『資本論』の解説としても、だ。

## 知識人が危機に瀕した時代

だとすると、なぜ同時代の批評家は(あるいは読者は)、『赤頭巾ちゃん』や『なんクリ』の読み方を、そして評価を見誤ったのだろうか。

理由はたぶん簡単である。要するに「ナメていた」のさ。

『赤頭巾ちゃん』が書かれた一九六八年と、『なんクリ』が書かれた一九八〇年は、ともに大衆消費社会の興隆期。いいかえれば知識人が危機に瀕した時代だった。

『赤頭巾ちゃん』における主人公・薫の悩みは、大衆社会を前にした「インテリの悩み」である。もっといえば、一中一高東大というう明治以来のエリートコースが瓦解することへの当惑である。目の前には東大入試の中止。背後にはエリート校の権威を解体する学校群制度の導入。知識人／大衆という線引きが失効した時代に、自分は知識人としていかに生きていったらいいのか。それが『赤頭巾ちゃん』の命題だった。

一方、『なんクリ』が描いているのはすでに知識人の権威が失墜した後の、とらえどころのない社会である。哲学者の名前のかわりに列挙されるブランド名。学業にも恋愛にも熱心とはいえない、消費者としての主人公。高橋源一郎は〈「文学そのものを批判」する小説〉と評したが、それはまた教養主義への批判でもあった。

その現実に、当時の批評家や文学愛好者は気づかなかった。自身が崖っぷちに立っているとも知らず、だからノホホンと若者文化を上げたり下げたりしていられたのである。

もっとも旧来の解釈を無効にした苅部直や高橋源一郎の解説は、その後の歴史を俯瞰できればこそ獲得できた視点ともいえる。すなわちこうした解説が出現するまでには三〇年ないし四〇年の時間が必要だった。事件的作品の咀嚼《そしゃく》には意外と時間がかかるのだ。

## 13 吉野源三郎『君たちはどう生きるか』／マルクス『資本論』

# レジェンドが鎧《よろい》を脱ぎ捨てたら

### 解説が似ている本

人はふつう、文庫解説だけをまとめて読むなんてことはしないから、気がつきにくいのだけれども、あの解説とこの解説は似てるかも、と感じることがある。

前の節で取り上げた、田中康夫『なんとなく、クリスタル』に対する高橋源一郎の解説を読んだとき、私は「これに似た解説は、前にもどこかで読んだことがあるぞ」と思った。しかし、どこで読んだかは思い出せなかった。

このたび、それが判明したのでお知らせしたい。私が読んだ「これに似た解説」とは吉野源三郎『君たちはどう生きるか』（岩波文庫／一九八二。以下『君たち……』と略す）に寄せられた丸山眞男の解説（「『君たちはどう生きるか』をめぐる回想」）だった。

そこで丸山は書いていたのだ。

〈私は思わず唸りました。／これはまさしく「資本論入門」ではないか――〉

『君たちはどう生きるか』は一九三七（昭和一二）年に出版された少年少女向けの本である。一九三七年は日中開戦（盧溝橋《ろこうきょう》事件）の年。しのび寄る軍国主義の波に抗し、山本有三が編纂する「日本少国民文庫」全一六巻の一冊として出版されたこの本は、戦後、新潮社版（一九五六）、ポプラ社版（一九六七）などを経て一九八二年に岩波文庫に入った。このときに収録されたのが、解説に当たる丸山眞男の文章だった。もとは八一年に死去した吉野源三郎への追悼文（「世界」八一年八月号）として書かれたものだ。

しかし、『君たちはどう生きるか』の、どこが「資本論入門」なのか。

## 中学生が発見した法則

〈コペル君は中学二年生です。／ほんとうの名は本田潤一、コペル君というのはあだ名です。年は十五ですが、十五にしては小さい方で、実はコペル君も、かなりそれを気にしています〉

これが書き出し（岩波文庫版は戦前の「日本少国民文庫」版を底本にしているので、戦後の新潮社版などではコペル君は一四歳）。

本は、旧制中学に通うコペル君を主人公にした物語（頑固だが勇敢な北見君、お金持ちで物静かな水谷君、豆腐屋の息子の浦川君らとの友情を中心に展開する)と、それを受けて章ごとに設けられた「おじさんのノート」(コペルニクス、ニュートン、ナポレオンからガンダーラの仏像まで、森羅万象にわたる)の二つで構成されている。

二年ほど前に父を亡くしたコペル君は母と二人暮らしだが、母の実弟である叔父(大学を出たてとは思えぬほどに博覧強記!)から社会科学的なものの見方、考え方を学ぶのだ。

丸山が驚嘆したのは、「ニュートンの林檎と粉ミルク」と題された第三章だ。そこでコペル君は、自分が赤ん坊の頃に飲んだ粉ミルクが、オーストラリアから海を越えて自分のもとに届くまでに大勢の人を介していることに思い至り、この発見を「人間分子の関係・網目の法則」と名づけた。これを受けた「おじさんのノート」では〈君が気がついた「人間分子の関係」というのは、学者たちが「生産関係」と呼んでいるものなんだよ〉と語られている。

この部分に反応して、丸山は記した。

〈これはまさしく「資本論入門」ではないか――。/私はそのころまでに、すでに『資本論』についても大学生なりの知識をもっていました。(略)にもかかわらず、いや、それだけにでしょうか、中学一年生の懸命の「発見」を出発点として、商品生産関係の仕組みへとコペル君を導いてゆく筆致の鮮かさに啞然としたのです〉

資本論入門をうたった優れた本は存在するが、それらは〈資本論の構成をいわば不動の前提として、それをできるだけ平易な表現に書き直すことに落ち着〉く。

しかるに『君たちは……』の論法は逆だと丸山はいう。〈あくまでコペル君のごく身近にころがっている、ありふれた事物の観察とその経験から出発し、「ありふれた」ように見えることが、いかにありふれた見聞の次元に属さない、複雑な社会関係とその法則の具象化であるか、ということを一段一段と十四歳の少年に得心させてゆくわけです〉

〈私は、自分のこれまでの理解がいかに「書物的《ブッキッシュ》」であり、したがって、ものの観察を通さないコトバのうえの知識にすぎなかったかを、いまさらのように思い知らされました〉

丸山眞男は日本を代表する知識人のレジェンドだ。『日本の思想』（岩波新書）くらいでも、私は難渋しましたからね。そんなレジェンドでも、その気になれば、ここまで飾らず平易に書けるのだ。そのこと自体がちょっと感動的ではない？

## ハッタリと脱線

高橋源一郎や丸山眞男の解説が読む人を興奮させる理由は単純といえば単純だ。批評であれ文庫解説であれ、まるで関係なく思えるAとBが「同じだ」と指摘されたとき、人はだいたい驚き、感動するのである。批評の要諦とはひっきょう「これってあれじゃん」だと私は思っているが、二人の解説はまさに「これってあれじゃん」だ。

もとより『なんクリ』はおバカな若者の生態を描いた小説、『君たちは……』は少年向けの読み物という「軽く」見られがちな要素を内包している。そこに歴史的名著をどんとぶつけるハッタリの技。AとBのギャップが大きいほど、興奮の度合いも大きい。

かくて丸山は、このように断言する。

〈一個の商品のなかに、全生産関係がいわば「封じこめられ」ている、という命題からはじまる資本論の著名な書き出しも、実質的には同じことを言おうとしております〉

本当なのだろうか。ためしに『資本論』を開いてみると——。

〈資本主義的生産様式の支配的である社会の富は、「巨大なる商品集積」として現われ、個々の商品はこの富の成素形態として現われる〉（岩波文庫版『資本論（一）』）

「第一篇　商品と貨幣／第一章　商品」の冒頭部分である。

「個々の商品」を「粉ミルク」に「富の成素形態」を「人間分子の関係・網目の法則」に置き換えれば、たしかに、同じかもしれないけどな。

話を戻す。では『なんクリ』と『君たちは……』は同じ種類の本なのだろうか。

そう、じつは同類なのである。

なぜってこの二冊は同じ構造を持っているからだ。女子大生の暮らしを追った物語とおびただしい数の「注」で構成された『なんクリ』。中学生の学校生活を追った物語と「おじさんのノート」で構成された『君たちは……』。どちらも「本文＋コメント」「物語＋批評」の二つの要素でできており、ふつうの意味での小説とはちがっている。

仮に『資本論』が経済学批判の書、『なんクリ』が文学批判の書だったとしたら、『君たちは……』は少年文学批判の書だったかもしれない。

当時の少年文学は、成績優秀な少年が貧しさにめげず勉学に励んで立身出世を目指す、みたいな物語が多かった。佐藤紅緑《こうろく》『あゝ玉杯に花うけて』(一九二八)などがその一例。『君たちは……』と同じ年に連載がスタートした山本有三『路傍の石』(一九四〇年に執筆中絶。戦後に再開されるも未完に終わった)もこのパターンで、少年たちに奨励された勉学は、なべて出世の道具という位置づけだった。しかし、『君たちは……』は「おじさんのノート」を介して、もう一歩先の知性の領域に踏み込む。だからおそらく、戦後も生き残れたのである。

こうなると、『資本論』の解説もちょっと気になりませんか？

読んでみると、訳者の向坂逸郎《さきさかいつろう》による『資本論』(原著は一八六七～九四／岩波文庫／一九七〇)

の「解題」も、意表を突くものだった。向坂逸郎はいわずと知れたマルクス主義経済学の泰斗《たいと》。「解題」は九巻の巻末にある。

〈凡庸な白分のことを考えても、七十二歳になった自己の中に、高校生の自分が、自分の原型のようなものがのこっている。幼稚ではあるが、高校生の頃、夏休みに読んだ丘浅次郎『進化論講話』がどんなにか、つよく私の心をとらえたか。それからダーウィンの『種の起源』やハックスリーやドイツのヘッケルの著作を読んだ。分ったとはいえないが、面白かった〉

いっておくけど、『種の起源』ではなく『資本論』の解題ですからね。

もちろんマルクスの史的唯物論がダーウィニズムから着想を得たというのは有名な話で、驚くには値しないかもしれない。しかし、ダーウィンの自伝の話へと及び、マルクスとダーウィンの交友関係を長々とつづる向坂の脱線ぶりは、相当なもの。

〈いまから考えると、偶然だが、高校生としてダーウィンを知り、進化論に強い興味をもったことは幸いであった〉と向坂は回想する。〈ダーウィンの中に「自然史的な基礎」を発見するためには、マルクスの天才を必要とするが、私をマルクスの方向に向けた一つの力は、進化論であったことを思わざるをえない〉

エドワード・サイードは『知識人とは何か』(平凡社ライブラリー／一九九八)の中で、知識人にとってもっとも必要な要素は、専門性の中に閉じこもらない「アマチュアリズム」だと述べた。丸山や向坂の解説は、その言葉を思い出させる。

**誰のための解説か**

『君たちは……』が少年向けの読み物として読み流されるのを丸山は嫌い、『資本論』が歴史を変えた書として神棚に祭られるのを向坂は嫌ったのかもしれない。

興味深いのは、二つの解説が「階級」について述べたくだりだ。

八一年に書かれた丸山の解説は「階級」も「貧困」も半ば解消されたとの前提に立つ。〈豆腐屋の浦川君と、それに対する水谷君やコペル君との間に厳然と横たわる「階級」の溝も、今日では実感することが困難です。（略）それでも戦前までは、この作品に自然に表現されているように、東京市内でも歴然と見聞できました〉。階級も貧困も目には見えなくなったけれども、〈ここに少年向きに描かれている「貧乏物語」が、今日でも世界的規模で考えてそのまま生きていることを見抜くのは、そんなに困難ではありません〉。

丸山の解説は、豊かな時代を生きる子どもたちを読者に想定しているのである。

他方、向坂の解説は、中産階級の知識人層などハナから相手にしていない。

〈「新左翼」という言葉にたばねられる一連の小市民的反逆行動は、学生層やルンペン・インテリゲンツィヤの一部に、左翼急進主義をつくり出した。それは、資本主義の生んだ多量な学生層やルンペン・インテリゲンツィヤの資本主義そのものに対する反逆ではある。独占資本主義の前途の暗やみが、知識層の絶望として表現されているのである〉

そして、高らかに呼びかける。〈ただ、プロレタリアートの中には、社会主義への意志が生きている。また成長している。(略)革命的労働者たちは、右や左の動揺しやすいインテリゲンツィヤの移り変わりをよそに、地道に、徐々に、確固としてマルクスやレーニンの理論を身につけながら、燃え上る日のくるのを待っている〉

すげえ。まるで『共産党宣言』！　革命的主体としての労働者階級を、一九七〇年の向坂はまだ信じていた。だからこそ「解題」も、日本の労働者たちを意識して書かれた。本と読者と解説の関係は、そう単純ではないのよ。

14　柴田翔『されど　われらが日々――』／島田雅彦『優しいサヨクのための嬉遊曲』

# サヨクが散って、日が暮れて

## 解説ぬきでは読めない青春小説

本には時代が変わっても理解可能な作品と、時代の変化によって理解がきわめて難しくなる作品がある。たとえば今日、「解説なしにはこれを理解するのはほぼ不可能」に思える作品に、柴田翔『されど　われらが日々――』（以下『されど……』と略す）がある。

一九六四年の芥川賞受賞作。一〇〇万部を優に超えるベストセラーとなり、一〇年後の七四年に文庫化（文春文庫）された。七〇年代後半にデビューした村上龍や村上春樹にそのポジションを譲るまで、柴田翔は高校生や大学生にたいへん人気のある作家だった。

なんだけど、数年前、必要があってこれを読み返した私は、とっさに「こりゃ、あかん」と思った。今般のお若い方々が読んだら「ねえねえ、どうなってんの⁉」と思うだろうなと想像したら、笑いさえこみあげてきた。

『されど……』の舞台は一九五〇年代の後半。東大大学院で英文学を専攻する「私」こと大橋文夫と、東京女子大を出て商事会社に勤める婚約者の佐伯節子を中心に物語は進行する。遠い親戚筋にあたる二人は婚約こそしたが恋人同士と呼べるほどの情熱はなく、それぞれ過去に屈託を抱えている。節子の屈託は学生時代、彼女が出入りしていた東大歴研の佐野(彼は後に自殺したことが判明する)。大橋の屈託はかつての恋人・梶井優子だ(彼女もまた大橋に遺書を残して自殺した)。あるキッカケで互いの秘密を打ち明け合った二人の仲はギクシャクし、最後、節子は大橋のもとを去る。青春の挫折ってやつである。

## 理解不能な長すぎる解説

では、この小説のいったいどこが「あかん」のか。

もちろん小説の重要なファクターである「党」と「革命」についてである。

東大の歴研に所属する佐野は〈高校時代からの党員で、無党派のぼくのことを、よく卑怯だとか、プチブルだとか言った〉と友人が証言するような人物だ。一九五四年、〈学生党員も、できる限り地下に潜って、軍事組織に加われ、という指令を受け〉た佐野は、山村工作隊の一員として地下に潜ったが、一〇カ月後、党の方針転換によって大学に戻る。軍事組織の解体は、衝撃と同時に彼に安堵感をもたらした。が、その感覚が一種のトラウマとなって彼を苦しめ、結局は〈革命をおそれる党員。それは、何と滑稽な存在でしょう。ぼくは所詮、裏切者でしかないのです〉と書き残し、睡眠薬をあおって自殺するのだ。

地下に潜る、軍事組織、山村工作隊。「注」がなければあかんやろ。

　むろんていねいに読めば、言葉の意味も説明されてはおり、ウィキペディアあたりでも調べはつく。しかし、おおかたの読者の頭は疑問符でいっぱいになるだろう。

どうして佐野は自殺するわけ？　大橋はなんでこんな虚無的になってんの？

　この本が文庫になった七四年の時点でも、当時高校生だった私には、すでに十分「ねえねえ、どうなってんの⁉」だったのだから。

　この間の事情を理解するには、日本共産党の負《ふ》の歴史（いまでは平和な党を標榜する共産党がかつては暴力革命を肯定する党であったこと、革命のためには若者たちを利用したことなど）ともいうべき、社会的背景の解説がいるのだ。とりわけ第六回全国協議会（いわゆる六全協）で、暴力革命から議会中心主義に方針を転換した共産党が、多くの学生党員を失望させたことを知らなければ、この作品を理解するのは難しい。

　しかるに、解説はあさってての方角からやってきた。

〈最初、この作品が掲載された同人雑誌に属するひとりとして、私はこの作品を読んだ〉と書く解説者は、哲学者の野崎守英だ。作品執筆当時の作者のようすや、同人誌の合評会で出た意見などもまじえつつ、解説はどこまでも思索的に展開する。

〈理解。理解とは何か。／この問題は、文夫にとって、あるいは『されど　われらが日々――』の世界にとって、きわめて重要である。なぜなら、もし生を理解することが「可能性としての豊かさを現実の豊かさとする」ことにつながるという文夫の感懐が真実でありうるとすれば、そうした意味での理解を深めることを糸口にして、現実の生を豊饒なものにする方向が導かれることになるはずだからである〉

賢明な読者のみなさまは、この意味が理解できるのだろうか。私にはさっぱりだ。いってることも、なぜここまで「理解」に拘泥するかも、だ。しかも、この種の思索的な解説が二五ページにもわたって続くのである。哲学問答もいいけど、山村工作隊について、六全協について、ちょっと説明してもらえない？

実際、ベストセラーになったこの文庫の解説が哲学的な思索にふけったおかげで、後世の解説者と読者はますます混迷を深めるハメになった。

文春文庫版『されど……』は二〇〇七年に改版され、三十数年ぶりに脚本家の大石静による新しい解説がついた。二一世紀の観点から作品を相対化できる点で、新しい解説は喜ばしいはずである。だけど、問題はその中身よね。

〈この本を読んだ頃、私は御茶ノ水駅近くの駿河台に住んでおり、前年の東大闘争を目の当たりにしていた〉と大石は書き、一九六八〜六九年の闘争の光景を描写した後、こう述べる。〈「されど　われらが日々――」は、更に十年前の六〇年安保を経験した作者が描いた作品である。／日本の共産主義は、戦後刻々と姿を変え、七〇年安保の時は、新左翼の方に圧倒的に勢いがあったので、「されど　われらが日々――」と、私の見た時代はやや違う〉

たしかに、七〇年安保とは時代はちがうけど、六〇年安保の時代ともちがうんだよね、本当は。文春文庫のカバー裏には、こう書いてあるんだけどな。

〈1955年、共産党第6回全国協議会の決定で山村工作隊は解体されることとなった。私たちはいったい何を信じたらいいのだろうか〉

まあ解説の大石自身が〈今の若者は理解できるだろうか〉と案じているくらいである。学生運動は遠くなりにけり。大石の解説を読んだ読者は六全協も六〇年安保も七〇年安保もゴチャゴチャになりそうだけど、それでもこの解説は、背景にふれようとしただけまだ誠実かもしれない。

## パロディのネタ元は何か

別の例を見てみよう。時代は飛んで八〇年代。島田雅彦のデビュー作『優しいサヨクのための嬉遊曲』(一九八三。以下『優しいサヨク』と略す)である。

大学で「社会主義道化団」なるふざけたサークルを結成した主人公の千鳥姫彦が、自らを「変化屋」と名乗る、そんなお話。千鳥は自嘲的にうそぶく。

〈運動するんだよ。サヨク運動を性懲《しょうこ》りもなくまたやるんだよ。といっても、共産党とも新左翼とも関係ないんだ。……僕は六〇年代に生まれて、八〇年代に大学生になったわけだから、出遅れた左翼学生とでもいうか、そんなケチな野郎だよ〉

福武文庫(一九八五)の解説は文芸評論家の加藤典洋である。〈いま、手元の広辞苑を開くと、パロディーの語義として、「文学作品の一形式。有名な文学作品の文体や韻律を模し、全く反する内容を読み込んで滑稽化・諷刺化した文学」の説明を得ることができる〉と加藤は書く。〈島田がその小説にその現われと「全く反する内容」を盛っている点で彼の諸作はパロディーという評語をけっして拒まない。しかしここには、この評語に反する一つの性格が認められる。一言でいえば、パロディーとは本文の〝もじり〟である。

「優しいサヨクのための嬉遊曲」がパロディー小説とされたのは、それが「青春小説」、「左翼小説」のパロディー、もじりだと考えられたからだろう。しかし島田にとって、〝本文〟なるものは存在しない。彼は、いわば彼の青春小説(?)、左翼小説を書いたとき、それはパロディーだといわれたのである〉

はて、何をいわんとしているのだろう。これだけの紙幅を割き、『広辞苑』まで引いてパロディの意味を説明しながら、〈〝本文〟なるものは存在しない〉という言い方で肝心のパロディのネタ元がどんな作品か、解説はスルーしてしまうのだ。

余談ながら、この作品は『されど　われらが日々――』と、あるいは『赤頭巾ちゃん気をつけて』とセットで読むべき作品ではないかと私は思う。解説ならば「青春小説」「左翼小説」のネタ元か、せめてパターンくらい教えてくれてもいいのに。

最初の解説がそんな風だから、新潮文庫版『優しいサヨク』(二〇〇一)には写真家の北島敬三によるもっと無意味な解説が載ることになった。

作者の飲み友達だという北島はしれっと書く。

〈この小説が左翼パロディー小説かあるいは純粋な恋愛小説か?　といったジャンル分け作業にはまったく興味がなかった〉〈どう読もうと読者の勝手なのだ〉

ならば解説も不要だわね。

**じつはミステリーだった!?**

『されど……』の野崎守英の解説には一カ所だけ、じつはおもしろい箇所がある。

物語では、主人公の大橋の元カノ優子が薬を飲んで自殺する。優子の死を知り、急いで病院に向かう大橋の〈ポケットには出がけに受け取った優子からの速達〉が入っている。

封を切ると、そこには優子の長い呪詛の言葉が書き連ねられていた。

〈この手紙は、速達で出せば、まだ今日中にあなたの手に届くでしょう。あなたはこれをみて、ここに来るだろうか〉〈あなたが今晩これをみて、ここに来れば、睡眠薬で眠っている私を発見し〉云々。もしあなたが速達に気づけば自分は助かるという脅しのような内容。だが、大橋は翌日まで封を切らず、優子は助からなかった……。

この逸話が〈同人雑誌の合評会でも問題になった〉と解説はいう。そして〈薬を飲んで自殺しかかっている優子がその速達をどうやって出せたのだろう、と誰かがいった〉。

これは卓見というべきだろう。そうだよ、はたして優子はどうやってその速達を出したのか。事前に用意した遺書ならいざ知らず、文中で彼女は〈睡眠薬を少しばかり飲むと、すべてが軽くなって、何かとてもいい気持です〉とか〈段々にとてもとても睡く、とてもかったるくなって行きます〉とか書いているのだ。考えられる可能性は……。

①薬を飲んだ後で遺書を書いたと見えるのは偽装で、優子は実際には手紙の投函後に薬を飲んだ。②優子の自殺には幇助者がいて、その人物が代わって手紙を投函した。③優子の自殺はじつは他殺で、誰かが彼女に嘘の遺書を書かせた。

もしかして『されど……』はミステリー小説だった⁉

まとめておこう。これが翻訳文学なら、解説者(多くは訳者が担当する)は、本が書かれた時代的背景、歴史的な位置づけなどに必ず言及するはずだ。

一方、日本の現代文学の解説には、しばしば次のような特徴が見られる。

①作品を離れて解説者が自分の体験や思索したことを滔々と語る。

②表現、描写、単語などの細部にこだわる。

③作品が生まれた社会的な背景にはふれない。

同人誌の合評ならいざしらず、解説としては落第だろう。とりわけ社会運動や社会思想とリンクした作品の場合、社会的背景の説明は不可欠だ。このようにして作品は歴史や社会と切り離され、「ねえねえ、どうなってんの⁉」な作品のリストだけが増える。

悪習を断つ方法は簡単である。第一に、五年後、一〇年後の読者を想定して書くこと。第二に、中学二年生くらいの読者を対象に書くことだ。

同時代の読者には説明過剰に思えても、数年後の読者にはもう通じない。それが現代。後世の読者に必要なのは、国語(文章の鑑賞)よりも社会科(地理的歴史的背景)なのだ。

## 15 小林秀雄『モオツァルト・無常という事』

# 試験に出るアンタッチャブルな評論家

### 試験に出る評論文

小林秀雄と久しぶりに格闘したのは二〇一三年一月のセンター試験の後だった。問題文に小林秀雄の評論文が出たおかげで国語の平均点が下がった、と報じられているのを見たからだ。それじゃあ、いっちょ試験問題を解いてみっか！

問題文は『鐔《つば》』と題された随筆だった。応仁の乱の後、刀は武士の権威の象徴から実用本位の凶器に変わった。鐔も護身用の堅牢な鉄製となり、軽量化のために透かし彫りの技巧が発達した。しかるにその文様は……みたいな話で、要は好事家好みの骨董品にまつわるウンチク話だ。およそ十代の受験生向きの題材ではない証拠に〈鐔＝日本刀で、柄《つか》と刀身の間にはさむ装具〉という図入りの説明をはじめ二一個もの「注」がつく。

ちなみに河合塾の「分析」はこの通り。

〈これまで比較的新しい評論からの出題が中心であったため、本年度のようなやや古めの随筆風の文章に戸惑いを感じた受験生もいたであろう〉

もっとも小林秀雄はかつて「試験に出る評論文」の代表選手だったのだ。試験に出る評論文の条件は名文であることではない。「論旨がわかりにくいこと」だ。論旨がすぐわかったら試験にならないからね（その点は試験によく出る「天声人語」も同じ）。はたして難解な文章の見本といわれる小林秀雄の解説はどのように書かれているのだろう。

## 世にも面妖なテキスト

小林秀雄の文庫はしばらく入手困難なものが多かった。が、おもむろに書店に出かけてみると、おおっ、意外と揃ってる。没後三〇年目の二〇一三年（センター試験に『鐔』が出題された年である）前後に次々と増刷になったらしい。

グレーの背表紙の新潮文庫版『モオツァルト・無常という事』（一九六一）、『作家の顔』（一九六一）、『Xへの手紙・私小説論』（一九六二）などを懐かしく思い出す人も多いのではなかろうか。『無常という事』は高校の国語の教科書にも載っていたはずだ。

ということで読んでみたのだが、一行目で早くもつまずいた。意味が全然わからん！

『無常という事』はいきなり次のような古文の引用からはじまる。

〈或云《あるひといはく》、比叡《ひえい》の御社に、いつはりてかんなぎのまねしたるなま女房の、十禅師の御前にて、夜うち深け、人しづまりて後、ていとうていとうと、つゞみをうちて、心すましたる声にて、とてもかくても候、なうなうとうたひけり。其《その》心を人にしひ問はれて云《いはく》、生死《しやうじ》無常の有様を思ふに、此世のことはとてもかくても候。なう後世《ごせ》をたすけ給へと申すなり。云々《うんぬん》〉

すぐ後で〈これは、「一言芳談抄《いちごんほうだんしょう》」のなかにある文〉と小林は明かしているが、右の文章の意味がわからなくては先に進めない。巻末の注解なども参考に、現代語にざっと直すと――。

「比叡の御社で巫女に化けた若い女が深夜、鼓を打って、どうでもいいのよ、ねえねえ、と歌っていた。意味を問われた女は、人生って儚《はかな》いじゃない？　この世のことはともかく、あの世のあたしを助けてと歌ってんの、と言った」

ブルースだなあ（とかいうと、あまたの反論が返ってくることは百も承知）。

で、小林の文章は次のように続く。

〈読んだ時、いい文章だと心に残ったのであるが、先日、比叡山に行き、山王権現《さんのうごんげん》の辺りの青葉やら石垣やらを眺めて、ぼんやりとうろついていると、突然、この短文が、当時の絵巻物の残欠でも見る様な風に心に浮び、文の節々が、まるで古びた絵の細勁《さいけい》な描線を辿る様に心に

滲《し》みわたった。そんな経験は、はじめてなので、ひどく心が動き、坂本で蕎麦《そば》を喰っている間も、あやしい思いがしつづけた〉

そうだった、思い出したよ。コバヒデの脳内では、よく何かが「突然、降りてくる」のである。こういう箇所を読むと人は(少なくとも私は)鼻白む。しかし、小林にとってはこの「突然、降りてくる」が重要で、こうした一種の神秘体験を共有できるかどうかで、コバヒデを理解できるか否かが決まるといっても過言でない。

実際、『無常という事』は、この神秘体験をめぐって〈あの時、自分は何を感じ、何を考えていたのだろうか〉〈依然として一種の名文とは思われるが、あれほど自分を動かした美しさは何処《どこ》に消えて了《しま》ったのか〉などとぐずぐず拘泥し、途中から話は、歴史とは、生と死とはといった方面に飛躍し、最後にようやく〈心を虚《むな》しくして思い出す事〉という神秘体験の意義に戻る。〈現代人には、鎌倉時代の何処かのなま女房ほどにも、無常という事がわかっていない。常なるものを見失ったからである〉

なぜよりにもよって教科書は、数ある小林秀雄のテキストの中から論理が迷走したこの作品を選択したのか。そもそも評論文ではなく随筆だし、これなら骨董関係の随筆のほうがまだマシだ。望むらくは『様々なる意匠』か『私《わたくし》小説論』か、より評論文集らしい『Xへの手紙・

私小説論』所収の作品から選ぶべきだったと思うよ。

**コバヒデ専属の解説者**

ともあれ困ったときには解説である。と思って解説ページに飛ぶと、ガーン、『無常という事』についての解説は一行もない！　仕方なく『モオツァルト』の解説を読む。

『モオツァルト』は古今の文学者の言葉を引きつつ天才モーツァルトの音楽の秘密に迫らんとしたハイテンションのエッセイだ。いかにもコバヒデな箇所はここだろう。

〈僕の乱脈な放浪時代の或る冬の夜、大阪の道頓堀をうろついていた時、突然、このト短調シンフォニイの有名なテエマが頭の中で鳴ったのである〉

出ました、突然、降りてくるモーツァルト。〈僕は、脳味噌に手術を受けた様に驚き、感動で慄《ふる》えた。百貨店に馳《か》け込み、レコオドを聞いたが、もはや感動は還って来なかった〉というあたりの展開も『無常という事』と同じ。

小林の特に『無常という事』や『モオツァルト』が難解に見えるのは、感動という、およそ言語化しにくい事象を扱っているためだ。そして読者は、そんな彼の書きっぷりにたじろぎ、理解はできなくても感動はするのである（たぶん）。

解説の話に戻ろう。『モオツァルト・無常という事』の解説者は江藤淳である。というより小林の文庫の解説はほとんど江藤淳。『Xへの手紙・私小説論』『モオツァルト・無常という事』『作家の顔』(いずれも新潮文庫オリジナルの短編評論集)の解説はすべて江藤淳。現在出版されている他の文庫解説も江藤淳。一人の書き手がある作家の全作品の文庫解説を一手に引き受けるのは、むろん異例の事態である。

一九〇二年生まれの小林秀雄と、一九三二年生まれの江藤淳はちょうど三〇歳差。慶応大学在学中に『夏目漱石論』(一九五五)で華々しくデビューした江藤は、これらの解説の執筆当時、評伝と評論の間をいくような、その名もズバリ『小林秀雄』(一九六二)で注目される気鋭の文芸評論家だった。自身のことを論じた息子ほども年のちがう若手批評家を、小林は専属の解説者として指名あるいは容認したのだ。さすが大抜擢されただけあり、江藤の解説も小林の本文同様けっして論旨明快とはいえない。

〈『モオツァルト』が書かれたのは、昭和二十一年七月である〉と解説は書きだされる、敗戦を挟んだ約二年間、小林がほぼ断筆していたことにふれた後、こう続く。〈人々は小林氏の沈黙がこの絶唱を育んでいたことを知っておどろいた。そこには、批評という形式にひそむあらゆる可能性が、氏の肉声に触れて最高の楽音を発しながら響き合っていたからである〉

江藤は小林の「かなしさ」に注目し、「青」や「宿命」にこだわる。〈小林氏がその青年期の最初にすでに自らの「宿命」の主調音を明瞭に聴いてしまっていたという事実を確認しておけばよかろう〉とか、〈小林氏の関心は、自己の「宿命」への凝視と、外界に触れようとする欲求とのあいだを周期的に動いているように見える〉とか。

このへんでもうお手上げ。わけがわからん。初読の読者にはなおさらだろう。

江藤の解説がわかりにくいのは、二つの理由による。

第一に、小林の内面に寄り添おうとしていること。

第二に、にもかかわらず、小林の内面の背後にある伝記的事実は伏せていること。

このモヤモヤを埋めるには、江藤淳『小林秀雄』(講談社文芸文庫／二〇〇二／現在品切れ)を読まなければならないという面倒臭さ。不親切すぎるぜ。

## 私小説を論じる手法

『Xへの手紙・私小説論』(新潮文庫／一九六二)を読んでみよう。初期の作品を中心に、小林秀雄の創作、評論、随筆風な文章など計二三編を収めた評論集だ。

『無常という事』にヘキエキした読者も、ここに収録されたデビュー作『様々なる意匠』(一九二九）や『私小説論』（一九三八）なら、おもしろく読めるかもしれない。

〈文学の世界に詩人が棲《す》み、小説家が棲んでいる様に、文芸批評家というものが棲んでいる。詩人にとっては詩を創《つく》る事が希《ねが》いであり、小説家にとっては小説を創る事が希いである。では、文芸批評家にとっては文芸批評を書く事が希いであるか？　恐らくこの事実は多くの逆説を孕《はら》んでいる〉

　こんな調子の挑発的な言葉ではじまる『様々なる意匠』は、「印象批評」も「マルクス主義文学」も「写実主義《レアリスム》」も「象徴主義《サンボリスム》」も「新感覚派文学」も「大衆文芸」も要するにただの意匠じゃねえかと蹴っ飛ばした、いわば鼻息の荒い「俺が批評家になるぞ宣言」。『私小説論』は、当時の主流だったプロレタリア文学と日本型自然主義であるところの私小説を二つともうっちゃった論文で、痛快といってもいい。

　では、専属の解説者・江藤淳の解説はどうか。

〈この論文で小林氏が語っているのは、結局ひとつのことである。つまり、「宿命」――自分の「死」を自ら所有すること――という見地からすれば、あらゆる文学は「意匠」にすぎぬ。逆にいえば、「宿命」をわが手に握ったとき、人ははじめて「文学」たりうる「意匠」をまとうのだと〉

またもや「宿命」、そして〈自分の「死を」を自ら所有すること〉ときた。なぜ批評理論を論じた評論に「宿命」がからむのか。

結論を先にいっておこう。『小林秀雄』という本を執筆した江藤は、何を読んでもコバヒデの執筆モチベーションを考えずにはいられなかった。それが作品にとって、もっとも重要な情報だと考えずにはいられなかった。江藤淳は要するに、小林秀雄の作品を「私小説を読む」ように読んで解説しているのだ。あるいは小林自身が「私小説を書く」ように評論を書いていたのかもしれない。読者が頭を抱えるのも当然であろう。

16 小林秀雄『Xへの手紙』／吉本隆明『共同幻想論』

# 空からコバヒデが降ってくる

## もってまわった弁明の書

文芸評論をひとまず文学作品の批評とするなら、本そのものが、いわば手の込んだ解説である。その解説である文庫解説は「屋上屋を架す」作業にほかならない。評論の解説は、だから存外、むずかしいのだ。

小林秀雄の話をもう少し続けたい。小林の作品を「私小説を読む」ように読み、解説した江藤淳。江藤がこだわる「宿命」とは、はて、何か。

この件に関係するのは、『Xへの手紙・私小説論』(新潮文庫／一九六二)に収録され、表題にもなった『Xへの手紙』(一九三二)である。

〈この世の真実を陥穽を構えて捕らえようとする習慣が身についてこの方、この世はいずれしみったれた歌しか歌わなかった筈だったが、その歌はいつも俺には見知らぬ甘い欲情を持ったものの様に聞えた〉という一文から、それははじまる。

　手紙の形式をとった自己表白ともいうべき作品。もってまわった自意識過剰な書きっぷり。愚痴とも懺悔ともつかぬ弁明。読む人をイラッとさせるという意味で、これはある意味秀逸な一編だ。女性に対する視線がまた、甘えと侮蔑が混じって感じ悪いんだ。

〈言うまでもなく俺は自殺のまわりをうろついていた。この様な世紀に生れ、夢みる事の速《すみや》かな若年期に、一っぺんも自殺をはかった事のない様な人は、余程幸福な月日の下に生れた人じゃないかと俺は思う。俺は今までに自殺をはかった経験が二度ある、一度は退屈の為に、一度は女の為に〉といった述懐がしばらく続いた後、〈突然だが俺はあの女とは別れた〉という爆弾発言で、小林は読者を驚かせる。

　しかし、ここから何か深刻な報告がはじまるわけでもなく、〈俺は君に自分と女のいきさつを報告する気はない。俺は恋愛小説を書く才能を持ってはいないし、それに自分のしでかした事件の顛末を克明に再現しようという、或る種の人々の持っている奇妙な本能を持っていない〉とか、〈結局はじめから惚れてなんぞいなかったのだ、と俺も人並みに言ってみたいものだと思う〉とかいう言い訳が続くのみ。

〈俺は女と暮してみて、女に対する男のあらゆる悪口は感傷的だという事が解《わか》った〉〈女は俺

の成熟する場所だった。書物に傍点をほどこしてはこの世を理解して行こうとした俺の小癪《こしゃく》な夢を一挙に破ってくれた〉

ここから話は彼一流の芸術論や社会論へと移行する。今日の女子高生や女子大生が『Xへの手紙』を読んだら（読み通せたら）、一〇人中八、九人は「サイテー」というだろう。

## 文芸評論の解説はなぜ難解？

では、江藤淳の解説を読んでみよう。

〈ここには後年さまざまな形式で変奏されることになる小林氏の思想の萌芽《ほうが》が、ほとんど出そろっている〉という理由で、江藤は「Xへの手紙」を重視する。

〈注目すべきことは、この作品のなかにいわば遺言の要素と恋文の要素がからみ合って存在するということである〉〈氏はここで、かつての愛人との同棲生活から得た絶望を語りながら、それをそのまま第二の女性への愛の告白としているのである〉

小林秀雄は若き日に、恋愛事件を起こしていた。

友人だった詩人の中原中也と長谷川泰子という女性を争い、三角関係になったのだ。中也といっしょに京都から上京し、中也と暮らしていた泰子を半ば奪う形で、小林は泰子と同棲生活に入った。このとき、東大仏文科に在学中だった小林は二四歳、泰子は二二歳、中也はまだ一九歳。が、泰子との生活にも疲れて、二年後には同棲を解消する。デビュー評論『様々なる意匠』が雑誌「改造」の懸賞論文で二席に入選したのは、翌年の一九二九年のことだった(ちなみにこのとき一席になったのは宮本顕治《けんじ》の芥川龍之介論「『敗北』の文学」である)。『Xの手紙』が発表されたのはそのさらに三年後、コバヒデ三〇歳のときである。

江藤がいう「宿命」とは、ほぼこの恋愛事件を指す。

だったら解説もそう書けばよいではないか、と凡人は考える。が、江藤はそんな野暮なことはしない。いやしくも小林秀雄を読もうとする者にとって、その程度の知識は常識だと考えたのか、それとも江藤の『小林秀雄』くらいは読めという指示か。

文芸評論の解説は、文庫解説の中でも特殊な部類に属する。解説を読んでも本文の理解の助けになることはあまりなく、もっと頭が混乱することも少なくない。

なぜ、こんな風になるのか。

①文芸評論は特定のテキストを論じるため、前提知識か問題意識がないと辛い。
②複雑な概念について論じるには、複雑な表現にならざるを得ない。
③論者は①②が当然と思っているので、嚙み砕く努力を一切しない。

④解説者は①〜③が当然と思っており、また文庫編集者も同様の認識をもっているため、噛み砕く努力が必要とは考えない（またはバカの気持ちがわからない）。
評論本体が難解なのはともかく、解説まで難解なのは問題でしょう。将来を考えると、初学者を排除した解説は業界のタコツボ化を招くことにもなりかねない。

加えてここに、さらにやっかいな伝統の流儀が影を落とすのだ。すなわち、
⑤「私小説を読む」ように作品を解説する。
夏目漱石であれ、川端康成であれ、小説の解説にも影を落としていた流儀である。この流儀のおかげで、どれだけ迷惑を被ったことか。小林秀雄を読む人の数はいまやめっきり減り、たまに読もうとすると江藤淳の解説という堅いガードにはばまれる。

日本を代表する批評家二人の最強のタッグ。文庫解説とは、必ずしも作品の理解を助けるものにあらず。権威を権威たらしめるツールとしても機能するのだ。

### 解説を超える解題

しかしながら、日本の批評界では、コバヒデ流の評論がいまだにバッコしている。小林秀雄の権威の高さを示す事例に事欠かない。

コバヒデは「突然、降りてくる」のである。

〈近代日本の批評を確立した小林秀雄は、批評というジャンルをひとつの芸術の域に高めたが、『考へるヒント』などを読むと、その随筆風文体のなかに批評の刃がぎらりと潜んでいる。随筆としては言葉の密度が高く、読者はゆったりと文章を楽しむというわけにはいかない。江藤淳と同時代の批評家である吉本隆明は、難解な思想論や詩を遺したが、随筆家という風ではなかったように思われる。それに比べると、江藤淳はまさに卓抜した随筆家であった〉(富岡幸一郎／江藤淳『旅の話・犬の夢』講談社文芸文庫／二〇一四)

〈小林秀雄を教祖と呼んだのは坂口安吾だが、小林の後に青年たちの教祖になったのが吉本だったと言って誤りではない。だが、二人は大きく違っていた。吉本は、小林と違ってマルクス主義者だったからである。(略)新左翼の嚆矢である〉〈小林の目的が個人救済にあったとすれば、吉本の目的は大衆救済すなわち社会革命にあった〉〈小林秀雄から吉本隆明へというこの流れを軸に、日本の戦後文学は展開したのだと言っていい〉(三浦雅士／吉本隆明『書物の解体学』講談社文芸文庫／二〇一〇)

江藤淳の、吉本隆明の著作の解説に、突然、舞い降りる小林秀雄。

コバヒデについて語りたい批評家は、今日ゴマンと存在するのだ。小林秀雄も江藤淳も吉本隆明も故人となったいま、そろそろ文庫解説も現役の批評家に開放したらどうだろう(そのために文庫を改版する機会があるかどうかが問題だけどね)。

憂鬱になってきたので、気分を変えよう。

感心した例をあげておきたい。正確にいえば、これは解説ではなく解題である。

角川ソフィア文庫にラインナップされた吉本隆明の著作、『定本 言語にとって美とはなにかⅠ』『同Ⅱ』(二〇〇一)、『改訂新版 共同幻想論』(一九八二)、『改訂新版 心的現象論序説』(一九八二/改版二〇一三)がそれ。

吉本隆明は小林秀雄と並んで難解とされる批評家で、右はいずれも吉本の主著だけど、これらは解説以上に川上春雄の「解題」の充実ぶりが目を奪う。

とりわけ『共同幻想論』は、「性としての国家」と題された中上健次の解説のほかに、「爆風のゆくえ」と題された川上の解題がついていて、ここには『共同幻想論』に寄せられた書評、論文、対談などが五〇ページ弱にわたって紹介されている。リストではなく、実際の書評や論文だ。結果としてそれは、大勢の論者寄ってたかってが吉本を論じる風情となった。

一九八二年に執筆された解題だから、現時点では足りない部分があるのは事実だが、吉本を論じた声を集めるだけ集め、自らはその紹介に徹する。こういうタイプの解題(解説)はほかで見たことがない。解題の最後に川上は記している。

〈もしもこの文庫本を手にとって吉本隆明氏の著作をはじめて読む若い読者があるとすれば、わたしは、必ずあのすさまじい吉本氏の刻苦勉励を超えてくれることを期待する。雑念を去って己れが直面する問題の研究に執着されることを望む。(略)／次代は、まったく若い人に委ねられた世界である〉

川上春雄は吉本の資料収集家で、年譜の作成などに尽力した人だった。あらん限りの資料を並べて読者を励ます。優秀なレファレンスは、独善的な解説をときに凌駕するのである。

## 「教えて！　ｇｏｏ」がいうには

最後に少し脱線を。今般のインターネットには「教えて！　ｇｏｏ」とか「Ｙａｈｏｏ！知恵袋」とかいった、何かを質問すると匿名の誰かが答えてくれる便利なしくみがあって、そこにはこんな質問が載っていたりするのである。

Q〈小林秀雄って言う名前や、江藤淳って言う名前に、文学関係の本を読んでいると、結構ぶつかります。気になって時々彼らが書いた本を手にとって見るんですが、私には取り付く島もないほどに、理解不能なんです。(略)この感覚分ってくれる人いたら回答願います。私も読

んでみたけど全然わかんないんだよって言う人いないいんですか？〉

するを奇特な人がいて、回答がちゃんとアップされるのだな。

A〈彼らのわかりにくさは、彼らが批評家であるという点にあるのだと思います。／批評というのは、他人の作品について、誉めたり批判したりすることです。対象となる作品に触れていないと、その批評の言わんとすることを理解することは難しいのが当然です。／小林秀雄の場合には、その対象が、文学作品のみならず、音楽（モーツァルト）、絵画（フランス印象派）、古典（西行、実朝）など広範囲に渡っています。これらの音楽や絵画に触れていないと、理解は困難になります。／江藤淳の場合には、文学者、特に、明治の文豪、夏目漱石の作品への批評や、その伝記に関する著作の比重が大きいです〉

そしてさらにもう一言、こんな説明。

〈文学史的にいえば、小林は近代批評の確立者であり、江藤は、小林の影響を受けた、その継承者です。近代批評をわかりやすく言うと、それまでの批評が、単に他人の作品を説明したり、紹介したりした補完的な役割しか持たなかったものを、初めて、おのれの思想を語る、小説とならぶ、独立の文学作品としたのです〉(https://oshiete.goo.ne.jp/qa/5340358.html)

江藤淳がコバヒデの後継者とは必ずしもいえないし、私なら「だから文芸批評がダメになったのです」とつけ加えたいところだが、高校生にも理解できる、きわめて平易な解説ではあるまいか。

対象作品であれ、解説であれ、それでも理解できなかった場合はどうするか。対処法は「薄目を開けて読む」だろう。能を鑑賞するごとく、わからなくてもいいから幽玄の世界に遊ぶ。

「教えて！　ｇｏｏ」の回答者もいっている。

〈わからないことを自覚するのは、大切なことです。わかろうと努力するからです〉

17　夏目漱石『三四郎』／武者小路実篤『友情』

# 悩める青年の源流を訪ねて

## 『電車男』と似ている

夏目漱石『三四郎』（一九〇八）を読み返したのは二〇〇四年か〇五年だった。キッカケは、当時ベストセラーになっていた中野独人《ひとり》『電車男』（二〇〇四）を読んだこと。

『電車男』はネット掲示板「2ちゃんねる」から生まれた本で、「電車男」というハンドルネームのモテないオタク青年が、酔っ払いにからまれた女性（通称エルメス）を電車の中で助けたことから、掲示板の住人たちに応援されつつ、彼女との距離を徐々に縮めていく過程を描いている。電車男の報告と「独身男性板（略して毒男板）」に集う匿名の男たちの書き込みをまとめた一応ノンフィクションである（中野独人とは彼ら全員の総称）。

そして私はふと思ったのである。『三四郎』に似ている……。

どこがって、電車男とエルメスの関係と三四郎と美禰子の関係が。電車男の恋は最後には成就するので『三四郎』と結末はちがうけど、『電車男』は全編これ「エルメス萌え」、『三四郎』は全編これ「美禰子萌え」の小説だ。

舞台は日露戦争後の東京。主人公は東京帝大に入るため熊本から上京してきた小川三四郎。物語は彼が汽車で東京を目指す場面からはじまり、都会の風物を紹介しながら、三四郎の青春と恋を追う。青春小説としても恋愛（失恋）小説としても、広田先生や野々宮宗八ら、彼を取り囲む人々の会話を通した論争小説としても読める長編だ。

『三四郎』は日本の青春小説の原型（プロトタイプ）と私は思っている。明治以降の日本の名だたる青春小説はなべて『三四郎』の末裔でないのか、と。いったいどこが？

## 美禰子はどっちが好きだった？

ということで、『三四郎』の文庫解説を読んでみたのだ。

するとみなさん、意外に素直。『坊っちゃん』の解説（一二ページ以下参照）がなべて「痛快な青春小説」という世評に懸命に逆らっていたのとはだいぶようすがちがう。

『三四郎』論として、もっともきっちり分析されているのは文芸評論家で漱石研究者でもある小森陽一の解説（集英社文庫／一九九一）だろう。

〈『三四郎』は、基本的には青春小説ないしは恋愛小説として読まれてきた。青春小説としての読み方には二とおりあり、一つは三四郎という青年の自我の形成史、つまりある種の教養小説(ビルドゥングス・ロマン)として読むこと(略)、もう一つはその反対に、里見美禰子が自分の青春を画の中に封じ込め、青春と愛に見切りをつけて「立派な人」と結婚していくという、いわば青春の蹉跌の物語として読むことであった〉

そう。小森がいうように、その延長線上で〈彼女の愛しているのは野々宮宗八なのか、それとも三四郎なのかといった議論が積み重ねられてきた〉のである。

上京したての三四郎は大学の池のほとりで美禰子の姿を見かけ、後に広田先生を囲むサロンのような下宿で彼女と交流を持つのだが、ここは読者の見解が大きく分かれるところで、男性読者の多くは「少しは好きだったはずだ」と、女性読者の多くは「まさか、ウブな若者をからかってみただけに決まってる」という。解説はどうだろう。

山本健吉の解説(角川文庫/一九五二)はこう書いている。〈無意識下においては美禰子は三四郎にひかれていながら、意識の上ではその愛を否定している。そこに彼女の言動の上での謎――少なくとも若い三四郎にとっては――が生まれてくるのであり、その謎と矛盾とコケットリーとに満ちた言動に三四郎は次第に惹かれてゆくのである〉

山本健吉は「美禰子は三四郎が好きだった」派らしい。

柄谷行人の解説（新潮文庫／一九八六）は、大学の池の端で二人が出会う場面をとらえ、〈この出会いの一瞬は決定的である〉と述べて続ける。〈これを脳裡に焼きつけたのは三四郎だけではない。美禰子も三四郎を意識していたことは、あとでわかる。その上、彼女は、画家の原口のモデルになったとき、その時の服装と持物と姿勢で描かれることを要求している。この出会いを恋というならば、彼らは恋しあったといってもよい〉

柄谷行人も「美禰子は三四郎が好きだった」派なのか……。

菅野昭正の解説（岩波文庫／一九九〇）は〈『三四郎』について語る論者は、これまで美禰子と三四郎の関係のありかたを探り、それに関連して、美禰子という女性の特異さの性質を解くことにばかり論議を集中してきた〉とこの問題に深入りすることを避けつつも、こう続ける。〈美禰子が野々宮の存在を気にする場面はあちこちに散布されている〉

菅野昭正は「美禰子は野々宮が好きだった」派？　あ、野々宮っていうのは、広田先生のサロンの一員で、物理学を専攻する三四郎と同郷の先輩格の人物である。

では小森陽一はというと、〈こうした議論は、美禰子の愛に対する断念が、野々宮によってもたらされたのか、それとも三四郎によってなのか、といった論争にもつながっていた〉としながらも〈しかし必ずしも男と女の三角関係に読み方を限定する必要はないようだ〉。明言を避けるのか。ずるいっ！

些末に見えて、これは重要な問題だと私は思っている。テキストを探偵の目で子細に検討すれば「美禰子は野々宮が好きだった」のは明らか。美禰子が三四郎にちょっかいを出すモチベーションは「野々宮へのあてつけ」だろう。それを証明する自信もあるのだけれども、いまはその話ではない。考えるべきは、なぜ『三四郎』は青春小説の原型なのか、だ。

## 知識人予備軍の苦悩

集英社文庫版の「鑑賞」で、三田誠広は自身の『僕って何』が一九七七年に芥川賞を受賞した際、〈何人かの評論家が、これは「三四郎」の現代版だ、といった評を書いた〉と述べている。〈三四郎というのは、言ってみれば青春小説の原型なのだ。(略)読者の多くは、ここに自分がいる、という感慨をもつだろう。なぜなら、本が好きな人の多くは、気が弱くて、いくぶん暗くて、ピュアな魂をもっているからだ〉

『三四郎』は青春小説の原型だという点には異議なし。ただし〈ここに自分がいる、という感慨をもつ〉のが理由ではない。これは構造的な問題。それについては『三四郎』そのものが

〈三四郎には三つの世界が出来た〉という言葉で解説している。

第一の世界は三四郎が捨ててきた故郷。〈明治十五年以前の香〉がし、〈凡てが平穏である代りに凡てが寝坊気て〉おり、〈戻ろうとすれば、すぐに戻れる〉が、〈いわば立退場のようなものであ〉り、〈三四郎は脱ぎ棄た過去を、この立退場の中へ封じ込めた〉。

第二の世界は知識人のサロンのような世界である。〈苔の生えた煉瓦造り〉と〈向うの人の顔がよく分らないほどに広い閲覧室〉と〈梯子を掛けなければ、手の届きかねるまで高く積み重ねた書物があ〉り、そこの住人は〈大抵不精な髭を生やしてい〉て〈服装《なり》は必ず穢ない〉し、〈生計《くらし》はきっと貧乏である〉。野々宮や広田はここの住人であり、三四郎も〈この内の空気をほぼ解し得た所にいる〉。

第三の世界は〈燦《さん》として春の如く盪《うご》いている〉と表現される都市の華やかな社交の世界である。〈電燈がある。銀匙がある。歓声がある。笑語がある。泡立つ三鞭《シャンパン》の盃《さかずき》がある。そうして凡ての上の冠として美しい女性がある〉。それは恋愛への誘惑にみちた、美禰子が住む世界でもある。

第一の世界は三四郎自身が「封じ込め」てしまったので無視すると、『三四郎』とは、第二の世界（知識人たちのサロン）、第三の世界（女性が住む誘惑的な世界）という二つの未知なる世界に踏み出し、二つの世界の間で引き裂かれる物語である（だからこそ美禰子が三四郎を好きだったかどうかはけっこう重要な問題なのだ）。

もっというと、これは「知識人いかに生くべきか」の物語であり、さらに意地悪く要約すれば「モテない知識人予備軍の妄想と苦悩」を描いた小説ともいえる。

同じタイプの小説は、後の文学史のなかから数多く発見することができる。たとえば武者小路実篤『友情』（一九二〇）である。

『友情』は、脚本家志望の青年・野島が、友人の妹・杉子に一目惚れしてすぐにでも結婚したいという妄想を膨らませ、みごとにふられるお話である。しかも、野島の恋敵は、敬愛する親友の大宮だったたという残酷な結末。

「知識人のサロン」というより、描かれているのは「中産階級の子弟のサロン」だが、「モテない青年の苦悩」を描いているという意味では、まさに『三四郎』の白樺派版だ。

解説にはどんなことが書いてあるだろう。

〈日本には愛慾と恋愛遊戯の作は多いが、青春をこれほど全的にとらえたものは意外に少い〉と書くのは亀井勝一郎（新潮文庫／一九四七）。

主人公の恋愛は自己中心的だけれども、〈この純潔な恋愛小説のなかには、青春時代のあらゆる魂の問題が、恋愛と友情という二つの切り離すことのできないテーマを巡って取り扱われている〉と書くのは河盛好蔵である（岩波文庫／一九三二）。『友情』の語り手である野島は、ずいぶん危なくて鬱陶しい青年に見える。しかし、解説は彼に共感を寄せるのだ。『三四郎』に万感の共感を示した三田誠広もしかり。集英社文庫版（一九九二）の「鑑賞」で、彼は『友情』を手放しで礼賛する。

〈感受性が強くて、気が弱い、ぼく自身によく似た主人公。そして、誠実だがどこか傲慢な感じのする年上の友人〉〈主人公がもつ幻想としての恋は、たとえようもなくピュアで、美しい。／この原稿を書いている時点で、ぼくはすでに四十歳を越えた中年のおじさんだが、武者小路実篤のことを考えると、自分が少年になったような気分になる〉

## 群れたがる男たち

思えば日本の青春小説は、あるいは近代文学は、『三四郎』以来、「知識人いかに生くべきか」という、一種ホモソーシャルな問いを一貫して追求してきたのである。だが戦後、空前の大衆消費社会が出現、この種の問いは急速にリアリティを失う。そうして生まれたのが、一方では「（こんな時代にそれでも）知識人いかに生くべきか」を問う小説であり、一方では「知識人なんかクソ食らえ」とせせら笑う小説だった。

「いかに生くべきか」系は『されど　われらが日々――』から『赤頭巾ちゃん気をつけて』に継承され、パロディと評された『優しいサヨクのための嬉遊曲』で終焉を迎えた。一方「クソ食らえ」系は『太陽の季節』から『限りなく透明に近いブルー』に引き継がれ、『なんとなく、クリスタル』で決定打を食らった。つけ加えれば、『君たちはどう生きるか』の中学生たちも、『電車男』のバックを支える「毒男板」も一種のサロンだ。

一種ホモソーシャルな、この奇妙な集団とは何なのか。

答えのヒントは別の小説の解説の中にあった。森鷗外『阿部一族・舞姫』（新潮文庫／一九六八）に収められた、劇作家・山崎正和の「森鷗外　人と作品」である。

漱石は集団をつくったが、鷗外はつくらなかった。そのような文脈の中で、山崎は「白樺派」同人、漱石の私宅に集う「門下十傑」など、〈外に向かって排他的であるだけでなく、内の仲間にたいして強い心理的な拘束力を持〉つ集団の姿をこう評した。

〈こうした友情の異様な君臨は、一方では、前近代的な「若衆宿」の気風のなごりでもあったろうが、他方では、伝統的な人間関係の崩壊の産物であったことも、疑いない〉

若衆宿《わかしゅやど》のなごり！　若衆宿（または若者宿）とは民俗学的な概念で、前近代の村の若い衆が、夜な夜な手仕事をしながら集まって寝泊まりした集会場のこと。

若衆宿は近代化の過程で解体したが、姿を変えて都市の中に生き残った。『三四郎』や『友情』に解説者が共感を寄せるのは、物語に描かれた「(近代的に再編された)若衆宿」が、解説者たちにも親しい世界だったからじゃないのか。

ついでに『坊っちゃん』の解説がひねくれていた理由も、やっとわかった。『三四郎』とは逆に『坊っちゃん』は「若衆宿」に唾して、外に出て行く物語だった。それが彼らには「悲劇」に見えたのである。

# Ⅳ　教えて、現代文学

18　村上龍『限りなく透明に近いブルー』『半島を出よ』

# 限りなくファウルに近いレビュー

## 「文庫解説の出番」が来た

純文学作品は一九七〇年代頃から大きく変化した。傾向をおおざっぱにまとめれば――。

第一に、「何を書くか」から「どう書くか」へと作家の関心が移った。

第二に、結果、現実と非現実が相互乗り入れする非リアリズム小説が増えた。美術や音楽と同様、文学もまた誇張や飛躍や省略や抽象化など、さまざまな技法を用いた表現の実験場と化す。これは時代の必然である。

七〇年代後半にデビューし、八〇年代以降の文学をリードすることになる村上春樹(一九七九年デビュー)と村上龍(一九七六年デビュー)は、そっち方面への道を拓いた作家といえるだろう。後の現代作家たちに比べればずっとリーダブルだとはいえ、それでも二人の作品は、従来の(私小説を典型とするような)リアリズム小説とは一線を画していた。

こうなると、それまでと同じように主人公の人物像やストーリーに沿った読み方をしても「何がいいたいのかわからない」「何がおもしろいのかわからない」という話になりかねない。すなわちここは「解説の出番」なのである。

だが、村上春樹作品の文庫には、なぜかいっさい解説がついていない。デビュー作の『風の歌を聴け』（一九七九／講談社文庫／一九八二）のときからそうだった。一方、村上龍作品の文庫解説は本当に多様な論者が解説を寄せている。はたして、そのクオリティーは？

## 形式を読む解説、登場

村上龍のデビュー作『限りなく透明に近いブルー』（以下『限りなく……』と略す）が群像新人賞と芥川賞をダブル受賞したのは一九七六年。東京の福生《ふっさ》を舞台に、ドラッグやセックスや暴力を含む若者たちの生態を、語り手の「僕」ことリュウの目を通して描いた中編。発売されるや否や、たちまちベストセラーになった。

〈飛行機の音ではなかった。耳の後ろ側を飛んでいた虫の羽音だった。蝿よりも小さな虫は、目の前をしばらく旋回して暗い部屋の隅へと見えなくなった。／天井の電球を反射している白くて丸いテーブルにガラス製の灰皿がある。フィルターに口紅のついた細長い煙草がその中で燃えている〉。こうして静物画のような情景描写が続いた後、〈「ちょっと、そこのタオル取ってよ。ピンクのやつ、あるでしょ?」/リリーはそう言って丸めたストッキングをこちらへ投げた〉という一文から物語は動き出す。

村上龍の初期作品において、専属解説者に近い位置にいたのは、当時、今井裕康の名前で書いていた文芸評論家の三浦雅士だった。以下は『限りなく……』に寄せられた今井(三浦)の解説(講談社文庫/一九七八)である。

〈小説「限りなく透明に近いブルー」がすぐれているのは、そこに展開された風俗描写が強烈だからなどではまったくない。この小説が徹底して没主体の文学だからである。一見、行為に満ちているかに思える。麻薬といい乱交といい暴力といい、明らかにこの作品は風俗的な騒々しさに満ちている。しかし、作品をたんねんに読み進むならば、この作品がじつは奇妙な静けさに浸されていることに誰もが気づくだろう〉

『限りなく……』もまた『太陽の季節』や『赤頭巾ちゃん気をつけて』と同様、世間を騒がせる「事件的な小説」だったから、「そんなに騒がしい小説ではない」と解説者が釘を刺したくなるのもわからなくはない。〈ここにあるのは、ただ、見ること見つづけることへの異様に醒めた情熱だけである。私、および私の行為はどのようにも意味づけられていない。私とは一

個の眼であり、また感覚の塊にすぎないからである〉

この小説の執筆当時、村上龍は武蔵野美術大学の学生であり、語り手が一個の受容体と化している点で、『限りなく……』はいかにも「美大生が書いた小説」だった。

二作目の『海の向こうで戦争が始まる』(一九七七)は、語り手の目に映った地平線の影から物語がはじまるという点で、さらに美大生度が高い作品だ。

今井(三浦)の解説(講談社文庫／一九八〇)を読んでみよう。

〈はじめはひとつのしみにすぎなかった海の向こうの町のなかから、こうしてさまざまな物語が生まれてくる。(略)物語から物語への移行には必ず海辺の男女、僕とフィニーが介在する。彼らは物語そのものに半ば無関心であるが、それは彼らが物語にかかわるのではなく、物語を通過させる存在だからだ。あきらかに物語は彼らの視線を糸にして珠数つなぎになっている。物語は彼らの目に映ってくるのだ。女と僕はカメラのレンズに似ている〉

小説と同時に、批評のスタイルも変わりつつあった時代。物語内容ではなく「語りの形式」に注目した初期二作品の解説は、「若者の感性」でお茶を濁したり、作家の経歴にこだわって「私小説的に読む」というそれまでの解説とは大きく異なる。

しかし、この解説にも難点がある。内容への目配りが希薄なことだ。

『限りなく……』の舞台は横田基地に隣接した福生であり、作中にはオキナワと呼ばれる少年や、語り手のリュウが黒人や白人の女性に陵辱される場面もある。また『海の向こうで戦争が始まる』がいかにカメラアイに徹した作品でも、海の向こうではじまるのは「戦争」なのだ。社会科的に考察すれば、この二作に日米関係やベトナム戦争の影を見ることも可能だったのではないか？

**解説され損ねている感じ**

デビュー三作目にして、龍のはじめての長編小説『コインロッカー・ベイビーズ』（一九八〇／講談社文庫／一九八四）の解説（このときから解説者は三浦雅士の名前を使っている）にいたっては、さらにつかみどころがない。

『コインロッカー・ベイビーズ』は、コインロッカーに遺棄されるも生き延びたキクとハシという二人の少年を主人公にした長編小説で、走ることに長けたハシと、聴覚に優れたキクにアネモネという少女がからみ、起伏に富んだ物語が展開する。

しかるに一八ページにも及ぶ三浦の解説で展開されているのは、社会科的に背景を読むでもない、国語的に内容を検討するでもない、〈「自閉と破壊」、それが『コインロッカー・ベイビーズ』の主題である〉ということを証明するための果てしない反復だ。

〈むろん、破壊は、少くとも現代社会においては悪である。この世にはしてよいことと悪いことがあって、破壊はその悪いことの最たるものである。人命の破壊も器物の破壊も法的に罰せられる。要するに破壊はもっとも望ましくない行為なのであり、『コインロッカー・ベイビーズ』はその望ましくない行為へと人を駆りたてるのである〉

そりゃまあ、この小説の主題は「自閉と破壊」だろう。ただ、そんなことは読めば誰にでもわかるわけで、右のような「破壊」の語句説明は必要か？

初期二作品の解説で形式(技巧)にこだわった三浦がむしろここで語るべきは、内面描写をしないで行為だけを徹底的に描く『コインロッカー・ベイビーズ』の形式(技法)だったはずだ。主題にこだわり、どこまでも「自閉」していく解説。いったいいつになったら論理の「破壊」が訪れるのかとジリジリしているうちに解説は終わってしまう。

話を変えよう。『限りなく透明に近いブルー』『コインロッカー・ベイビーズ』は二〇〇九年に新装版(講談社文庫)が出版され、解説も一新された。新しい解説者は(村上龍も選考委員として加わった)二〇〇三年の芥川賞受賞者である。

まず、綿矢りさによる『新装版 限りなく透明に近いブルー』の解説から。

〈主人公のリュウは電源の落ちたテレビの画面のように、部屋での退廃した光景を、なんの感情もなくその黒い瞳に映し続ける。(略)リュウは本当にただ見ている。(略)主人公リュウにとってでも彼の目の前の光景は異常だということが分かる。彼もまた傷ついている。すべて見つくしたあと、彼は狂ったように苦しむ〉

語り手が世界の暗部に興味を持つ十代だったから「ただ見る」ことが可能になったのだ、という新しい観点が加わってはいるものの、旧版の解説の強い影響が認められる。

金原ひとみによる『新装版 コインロッカー・ベイビーズ』の解説はどうだろう。

〈私はキクとハシの世界に入り込み、現実を忘れた。キクになりたいと思ったし、ハシになりたいと思ったし、アネモネになりたいと思った。彼らの持つ全ての力を手に入れたいと思った。そして読み終える頃、私の中の罪悪感は薄れていた〉

まあ「私と『コインロッカー・ベイビーズ』」という題の似合う高級読書感想文ですね。

もちろん、だからダメってわけではない。感想文には読者の共有に訴える力があるからだ。

ただ、他の作品も含め、村上龍作品はいつも「解説され損ねている」という印象が残る。空振りではないけどファウル。球がバットの芯に当たっていない感じなのだ。

形式を語れば内容がおろそかになる。内容を語ろうとしても、批評の言葉が物語に追いつかない。村上龍と同程度の強い言葉をもった人でないと、彼の解説はできないのだろうか。

### 狩猟系の作家と作品

ファウルばかりじゃなんなので、数少ないヒットの例を見てみよう。『半島を出よ』（二〇〇五／幻冬舎文庫／二〇〇七）の解説だ。解説者は島田雅彦である。

〈村上龍は米軍基地《ベース》をベースに思考を続けてきた。だが、彼の無意識はもっと古い地層に由来する。彼は紛れもなく狩猟系の作家である。ハンターであり、またすぐれたクラフトマンであった縄文人の本能を自ら呼び覚ますように書いてきた。農耕系の作家とは生き方も作風も全く異なる〉。おお、狩猟系の作家とな。

そもそも日本文学は農耕文化だったと島田はいう。〈田園に縛り付けられ、そこに柵を張り巡らせ、苗を植え、水や肥料をやり、草取りをし、気長に収穫を待つ単調な生活に甘んじ、季節の移ろいやおのが喜怒哀楽を観察し、時々、物見遊山に出かけ、普段は内輪の付き合いに終始する。そんな農民のような作家の方が数の上では圧倒的に多い〉

しかし、狩猟系の村上龍はちがう。〈田畑《フィールド》を持たず、獲物を追って、常に勘や運動神経を研ぎ澄まし、山野を落ち着きなく駆け巡る。狩猟採集文化は多様性と拡散性を持っており、本質

的に反権力に向かう〉

これ自体が、すぐれた日本文学案内、作家案内にもなってません？

村上龍のすべての作品は〈弱肉強食の世界をふてぶてしく生き延びる話〉だと島田は大胆にまとめる。『半島を出よ』は二〇一一年を舞台に、北朝鮮の「反乱軍」が九州を乗っ取るという大風呂敷を広げた近未来小説だが、島田によればそれは〈単一言語、単一民族幻想に染まった日本に今一度、バベルの塔の現実を突きつけることに等しい〉。

むろん島田がこのような鳥瞰図的視点を獲得できたのは、村上龍が三〇年のキャリアを持つ作家で、材料が豊富に揃っていたからだ。「農耕系／狩猟系」という比喩は小説家ならではの見立てともいえる。しかし、大状況（文学界）→中状況（作家案内）→小状況（作品案内）へとフォーカスする巧みな構成。この解説は「強い言葉をもった実作者」ではなく「すぐれた教師」としての解説と考えるべきだろう。そしてつけ加えるなら、「すぐれた教師」の資質もまた「狩猟系であること」なのである。

## 19　松本清張『点と線』『ゼロの焦点』

# トリックの破綻を解説刑事《デカ》が見破った

### 社会派推理小説の嚆矢

ミステリーは得意じゃないけど松本清張は読む、という読者がかつては少なくなかった。社会の暗部にメスを入れる作風が、硬派な読者の心に響いたのかもしれない。

純文学からスタートした松本清張が一躍人気作家として浮上したのは、一九五〇年代の末。石原慎太郎や大江健三郎がデビューした頃である。

とりわけ『点と線』（一九五八）は、後の松本清張ブームに火を付けた作品として知られている。初出連載誌が、日本交通公社（現在のＪＴＢ）発行の雑誌「旅」だったのもちょっと異色。時刻表のトリックを利用したことで話題になり、トラベル・ミステリーの先駆けとも、社会派推理小説の嚆矢とも目されることになった。

ミステリーの解説に他と異なるオキテがあるとすれば、「解説といえども、犯人の名前を明かしてはいけない」ということだろう。したがって解説も、作品の歴史的意義とか、執筆の裏話とかの周辺情報ないしは書誌学方面に傾きがちだ。

ただし、中には例外もあって、それがほかならぬ『点と線』なのだ。

## トリックのキズをクサした評論家

『点と線』は「アリバイ崩し」系のミステリーである。犯人の目星はあらかじめついており、犯人のアリバイをいかに崩すかが最大の読みどころとなる。テレビドラマの『刑事コロンボ』や『古畑任三郎』と同じタイプだ。書きだしを読んでみよう。

〈安田《やすだ》辰郎《たつお》は、一月十三日の夜、赤坂の割烹料亭「小雪」に一人の客を招待した。客の正体は、某省のある部長である。／安田辰郎は、機械工具商安田商会を経営している〉

この安田辰郎なる人物こそ、小説のキーパーソン。

安田は翌一月一四日の夕方、「小雪」に勤める二人の女性と銀座で食事をし、その後、東京駅まで見送りにこさせた。一八時一二分、東京駅一三番線発の横須賀線で鎌倉に向かうという安田。一三番と一四番のホームには電車が入っておらず、一五番線のホームが見通せた。

安田は〈あれは、九州の博多行の特急だよ。《あさかぜ》号だ〉と教える。〈このとき、安田

は、／「おや」／と言った。／「あれは、お時さんじゃないか？」〉

同じ料亭に勤めるお時が一五番線で男と親しげに話をしている。〈お時さんにあんな人がいたの？〉〈知らないわ。意外だわね〉といぶかる二人。

こうして安田と二人の女性はホームで別れるが、この一瞬の出来事が後に事件の鍵を握ることになる。一週間後の一月二一日、博多に近い香椎《かしい》海岸で、一四日の東京駅一五番線にいた男女の遺体が発見されたためだった。男は某省課長補佐の佐山憲一。一度は単純な情死事件として処理されるも、佐山は某省の汚職事件に関与していた。

事件に疑問をもった二人の刑事は、ほどなく東京駅一三番ホームの謎に気づく。一三番線から一五番線が見通せる時間は一日にわずか四分間。その時間に安田が二人の女性をホームに誘ったのは、二人が仲良く出発する姿を「目撃させる」ためだったのではないか。

アリバイ崩し系のミステリーだから、『点と線』の場合も、「怪しいのは安田だ」という予測はついている。しかし、もしトリックが杜撰だったら？

この点にイチャモンをつけたのが、新潮文庫版（一九七一）の解説だ。解説者は文芸評論家の平野謙。〈心中というかたちに偽装した殺人という巧みな方法〉〈その殺人の動機を汚職にからませた状況設定の新しさ〉などを賞揚しつつ、平野は〈見事な『点と線』ではあるが、やはりそこにはひとつのキズがある〉と切り出す。

平野が疑義を挟むのはくだんの「四分間」の件である。

〈真犯人は目撃者を何時何分に横須賀線へつれてくるだけでなく、おなじ時刻に被害者の男女をして東海道線フォームを歩かせねばならぬことを意味する〉

そんなピンポイントの遭遇が本当に可能なのか。

〈たとえ顔みしりだとはいえ、何時何分という局限された特定の時間に男女を一緒に歩かせるような細工を、どうしてあらかじめ工作することができたか。(略)この一点が合理的に説明されない以上、『点と線』全編のプロットは、その針の穴ほどのキズから土崩瓦壊《ママ》する危険もなきにしもあらずである。――といえば誇張にすぎるが、すくなくともその点の説明を、作者がうっかり忘れていたことだけは、指摘されねばなるまい〉

右の引用の末尾に注目されたし。この気を遣いまくった言い回し! 当時、清張はまだ現役バリバリの人気作家だったから、こういう腰の引けた批判になるのだが、要するに「こんなトリックはダメダメじゃん」といっているわけだ。

小説家は一般に、作品のキズを指摘されるのを嫌う。逆の立場から、平野も〈よく出来た推理小説のキズを指摘することほど、読者の虚栄心を満足させることはないのである〉と認めている。それでも見つけたキズを指摘せずにはいられない。それがミステリーファン。

平野謙は、松本清張らすぐれた娯楽小説の台頭を視野に入れ「純文学はもう歴史的概念だ」みたいなことをいって物議をかもした評論家だが、この種のキズの発見は抜群にうまかった。

**得した気分になる指摘**

文春文庫版『点と線』（二〇〇九）の解説を読んでみよう。解説者は人気ミステリー作家の有栖《ありす》川《がわ》有栖《ありす》。じつをいえば、こちらも相当に辛口だ。

〈私がこの作品と出会ったのは、中学生の時〉だったが、〈多大な期待とともに読み、がっかりした。この小説には、当時の私が推理小説に望むものが欠けていたからだ〉。

という不穏当な話から解説ははじまる。

〈『点と線』は、時刻表を駆使したアリバイトリックを金看板にしているし、他殺を情死に偽装する工作も立派なトリックだ。しかし、後者は早々から作中人物（鳥飼刑事）が疑問を抱くので、感心する間がない。前者については、はなはだ失望した〉

刑事の勘の悪さにも筆は及ぶ。〈いくら当時は交通網が未発達だったとはいえ、九州と北海道を結ぶアリバイに挑んだ三原刑事の勘の鈍さは度を超している。繰り返し自分を「うかつ」

と詰《なじ》るが、言い訳にもならない〉

四分間問題については〈男女が乗る寝台特急《あさかぜ》は、ホームに長々と四十一分間も停車している。二人が〈空白の四分間〉に、ホームに立っている可能性すら低いだろう〉。

容赦ない批判はまだまだ続く。

〈「これしきをアリバイ崩しとするのか。世評に騙された！」という思いは、実は今も変わっていない〉〈共犯者および多数の協力者が存在することが推理小説としては不満だ〉〈トリックだけが売り物の小説だったら、傑作どころか凡作である〉

これだけクサしておきながら、〈これほどシニカルに、だが切なく旅を描いた小説は稀ではないか〉などの理由で、最終的に有栖川は作品を救っているのだが、この解説の意図のひとつが、世評が高い作品のキズを暴けるだけ暴いてやるぜ、という点にあったのは見え見えだ。まるで解説探偵か解説刑事《デカ》。ミステリーの読者はいつもこんな風に作品を読んでいるのだとしたら、作家もおちおち眠れないよね。

ただ、解説で作品の欠点が指摘されると、褒めちぎり系の解説を読んだときより「得した気分」になるのはどうしてだろう。少なくとも他の多くの文庫解説より、これらがずっと印象に残る、スリリングな解説であるのはまちがいない。

そもそも松本清張作品は、『点と線』に限らず、「最後まで読んでも事件が解決した気がしない」のが多い。謎説き役の刑事はトンマだし、トリックは無理筋だし、動機は憶測にすぎないし、登場人物の人間像は中途半端だし、後半はいつも駆け足だし……。テキストの中に何か重大な忘れ物をしてきたような消化不良感がいつも残る。

『ゼロの焦点』（一九五九）もそうだった。

『ゼロの焦点』は一九五〇年代の北陸を舞台に、金沢で失踪した夫の行方を妻が探しはじめるところからはじまるサスペンスフルな長編小説で、失踪した男性の隠された生活や事件の背後によどむ女たちの過去（米兵相手の売春に関係する）が徐々に明らかになる。事件が起きて、探偵や刑事が解決に乗り出すのとはちがったタイプのミステリーである。

しかるに、松本清張の代表作ともいうべきこの作品にも、解説者はケチをつけた。新潮文庫版『ゼロの焦点』（一九七一）の解説はやはり平野謙。

物語のなかでは、終章までに、自殺、他殺を含めて都合四人の人物が死ぬ。ストーリーを子細に点検した上で、平野はここに疑問を呈した。

〈二十日間たらずの期間に、ほぼおなじ状況のもとに、四人の自殺、他殺がつづいている。（略）問題は○○○と××二人がなぜ毒殺されたか、である〉

〈解決編を読みおわっても、なぜ○○○や××は殺されねばならなかったか、という疑問に十全な解決が与えられているとはいいがたいのである。△△と□□が死ねば充分であって、○○や××を殺す必要はなかった、というのが私のひそかな意見である〉

未読の読者の興趣をそぐといけないので登場人物名は伏せたけど（平野は堂々と名前を記している）、こうなると、トリックのキズどころか、物語の展開そのものへのイチャモンである。そんなことまでいっちゃって、大丈夫なの？

### キズの指摘が重要な理由

あきらかに作品の欠点と思われる箇所があった場合、解説で指摘すべきかどうかは難しい問題だ。私自身も解説を書くときには、ちょっと悩む。

しかし、平野謙や有栖川有栖の解説を読むと、作品の「ほころび」や「ほつれ」はスルーしないで、やはり指摘したほうがよいのである。

第一の理由は、読者の溜飲が下がること。むろんそのためには指摘が的確でなければならないけれど、もやもやを抱えて本を読み終えた読者は、こうした解説を読むことで、消化不良なのは自分だけじゃないのだと知り、胸のつかえが下りる。この効果は大きい。

しかし、もっと重要な理由は別にある。

「ほころび」や「ほつれ」が指摘されると、作品と解説の間に緊張感が生まれるのだ。『されど　われらが日々――』の解説で、野崎守英が、薬を飲んで自殺しかかっている女性はその遺書はどうやって投函したのか、という疑問を投げかけたのを覚えているだろうか（一四四ページ参照）。こういう瑕瑾《かきん》をあげつらうのは悪趣味で、作品の本質には関係ないという意見もあろう。事実、野崎はそれ以上、この問題に拘泥しない。

しかし、この一文が私には長ったらしい解説の他の部分よりずっと記憶に残っている。テキストを詳細に真摯に読まない限り、このような発見はできないからだ。

キズの指摘は作品に新しい光をあて、読者をテキストに引き戻す。ほら、人だって、完璧な優等生より少しスキがある人のほうが気になったりするでしょう？

平野謙も（例のもって回った調子で）書いている。

〈なぜこんなことをあえて書きとめておくかといえば、『ゼロの焦点』を一種の謎解き小説とみれば、その謎解きの構造は完璧のものでない、というのが現在の私の意見だからである。つまり、いわゆる本格的な推理小説としては、『ゼロの焦点』は隙間のある不完全な作品にすぎない、ともいえるのである。しかし、一個の文学作品としてみた場合、『ゼロの焦点』は失敗

作かといえば、決してそんなことはない〉

こうしてみると、隅々まで完璧につくられた水も漏らさぬ作品がいいとは限らないのである。すぐれたテキストはいつも「発見されること」を待っているのだ。解説者の手で、読者の手で。

20　赤川次郎「三毛猫ホームズ」シリーズ

# 私をミステリーの世界に連れてって

## 五〇〇冊超の文庫と解説

西村京太郎、内田康夫、山村美紗、などの売れっ子ミステリー作家は作品の数がべらぼうに多い。そのほとんどが最初は新書サイズのノベルズで出版され、後には文庫化される。つまり文庫解説の数もべらぼうに多いのである（ちなみにノベルズにも解説が付く）。

赤川次郎もそうした大量生産型作家のひとりである。すべてカウントしたわけではないけれど、作品数は優に五〇〇はくだらないだろう。

警視庁捜査一課に勤めるヘタレな刑事・片山義太郎が、飼い猫ホームズの力にすがって事件を解決する「三毛猫ホームズ」シリーズが長編と短編集を合わせて五一冊（「三毛猫ホームズの〇〇」と題されたエッセイ集などは除く）。佐々本家の三姉妹（大学生の綾子、高校生の夕里子、中学生の珠美）が活躍する「三姉妹探偵団」シリーズが二四冊。デビュー作『幽霊列車』（一九七八年初出)を皮切りに、女子大生の永井夕子と、彼女に恋心を抱く二〇歳も上の宇野警部が事件の解決に奔走する「幽霊」シリーズが二五冊。杉原爽香《さやか》という少女が主役の「杉原爽香」シリーズが二八冊(以上、二〇一六年一二月現在)。

あとなんだかほかにもいろいろシリーズがあり、もちろん『ふたり』(一九八九)のような単発の作品も少なくないから、全作品をフォローするのは容易ではない。

人気絶頂期にあった一九八〇年代の赤川次郎は、「女子高生に支持されるユーモアミステリー作家」、あるいは「長者番付(高額納税者ランキング)の上位に必ず名前のあがるベストセラー作家」のイメージが強く、読書家には軽く見られていた節がある。しかし、中高生からの支持は抜群に高かったのだ。さて、どんな解説がついているだろう。

### 秘匿のワザ、継続読みのワザ

人気ミステリーに解説をつけるのは、じつはそんなに簡単な仕事ではない。

第一に、前にもいったように、ミステリーの解説である以上、犯人の名前を伏せるのはもちろん、トリックも結末もぼかすのが望ましいこと。

松本清張を論じた平野謙や有栖川有栖の解説(一八九ページ以下参照)は右のオキテにいささか

反するものだったが、それは対象がすでに名作に近似するよく知られた作品で、しかも彼らには禁忌を破ってもいわなければならないことがあった。あくまで例外なのである。

第二に、特に赤川作品の場合は、想定される読者の多くが小学校高学年から中高生であるため、解説が難解であってはいけないこと。これは至上命令だろう。

だが実際には、右のオキテを解説者が実行しているとは限らない。

〈正直言って、あたし、がらじゃないんだよね、解説書くのなんて。ただ——この小説に関する限り、どうしても言いたいことが一つだけあったんで、こんな雑文、書かせていただきました〉ってな調子で押しまくるのは、新井素子の解説（『白い雨』光文社文庫／一九八七）。〈赤川次郎さんには、お目にかかったことはないが、一度だけおたよりをいただいたことがある〉と切り出し、東京都の「ペット条例」に反対する署名に赤川次郎が協力してくれたという逸話を延々と書く仁木悦子の解説（『三毛猫ホームズの怪談』角川文庫／一九八四）。

人気ミステリー作家が、解説者として必ずしも優秀ではないという一例。三毛猫ホームズだからといって、「ペット条例」の署名の話を読まされてもね。

一転、プロの仕事を見ていただこう。

まず、こちら。角川文庫版『三毛猫ホームズの最後の審判』（二〇一三）の解説である。解説者はライターの永江朗。この解説が光っているのは、作品を読み解くには絶対に欠かせない時代背景がきっちり書かれていることだ。

〈『三毛猫ホームズの最後の審判』でわれらが名探偵ホームズと片山兄妹が戦うのは、終末論をふりかざしてテロを行おうとする宗教団体です。／一九九九年の暮れのお話です。一九九九年といえば、ノストラダムスの大予言の年。といっても若い読者はご存じないかもしれません。九九年に人類が滅びる、という有名な予言があったのです〉

これが社会科系の望ましい解説。ミステリーでもふつうの小説でも、基本は同じだ。

ミステリーの解説として卓越しているのはこちら。三毛猫ホームズシリーズの第一作『三毛猫ホームズの推理』(角川文庫／一九八四)に寄せられたベテラン作家、辻真先の解説(「『三毛猫ホームズの推理』の推理」)である。

〈お待たせしました。／記念すべき三毛猫ホームズシリーズのはじめての文庫版であります。／(略)なんの誇張もありません、探偵小説の歴史をひもといても、動物が探偵役をつとめるなんて例は、おとぎばなしの世界でもないかぎり皆無といってよろしいでしょう〉

以上が書き出し。このシリーズがいかに画期的かを記した後、辻は続ける。

〈一般のミステリー大好き人間ならまず以て期待するのは、意外な犯人のはず〉

〈では作者はホームズ第一作のために、どのような「意外な犯人」を準備したか！／実は、ですね。／………／………／えへへ。期待させて申し訳ない。／解説から読みはじめる読者のために、ここで凶悪犯人をばらすことはやめておきます〉〈その代わり、といってはなんですが、よりお目をとめていただきたいのが「意外なトリック」です〉

ここで解説はミステリーにおけるトリックのしくみを説明し、〈「ホームズ」第一作には、嬉しいことにこの密室が出てまいります〉と続ける。

〈えい、内緒でトリックをばらしちまいましょう。／実は、ですね。／………／………／えへへ。ぼくがばらす訳ないじゃありませんか。(略)／むしろご注目いただきたいのが「意外な伏線」であります〉。そしてまた同じオチ。

〈さてその伏線とは。／………／すみません。お察しのとおり内緒、内緒〉

この解説のどこが優れているかといえば、ホームズシリーズの新しさと正統性を紹介しながら、同時に「ミステリーの楽しみ方」を初心者のために噛み砕いて解説していることだ。「えへへ」を含めてサービス満点。作品のカナメの部分をあえて「内緒、内緒」と秘匿しつつ、読者をミステリーの世界にいざなう。ディープな赤川次郎ファンではなく、はじめて赤川次郎を(またはミステリーを)読む読者に向けて書く。三毛猫シリーズの第一作目という有利な点はあったにせよ、シロウトさんには真似できない超絶技巧の解説といえるだろう。

### シリーズものを紹介するには

量産型の作家やシリーズものの紹介は、最初にもいったように、解説者にとっては一種の鬼門だ。解説である以上は、その作品のシリーズの全容も把握していることが望ましい。だが、人生は短く、読むべき本は多い。そこで解説も、つい同じ作家の別の作品に言及してお茶を濁しがちになるのである。

辻真先が「えへへ」や「内緒、内緒」で乗り切った『三毛猫ホームズの推理』を他の人が解説するとどうなるか。光文社文庫版（一九八五。解説の初出は一九七八年のカッパ・ノベルズ版）の解説を書いているのは、コラムニストの青木雨彦だ。

驚くべきことに、この解説で青木が三毛猫ホームズにふれた部分は全体の五分の一ほどしかないのである。じゃあ残りの五分の四に何が書かれているかというと、「オール讀物」推理小説新人賞をとったデビュー作『幽霊列車』の選評と赤川次郎の作家紹介だ。ホームズに関しては〈巷《ちまた》では、／「猫の手も借りたい」／というけれど、このお嬢刑事は、ホントに猫の手を借りて、難事件を解決する〉などといっているだけ。

これもシリーズの記念すべき第一作目にあたる、杉原爽香シリーズ『若草色のポシェット』の解説(文芸評論家の中島河太郎)もほとんど同じだ。〈赤川次郎氏の新作『三毛猫ホームズの騒霊騒動《ポルターガイスト》』は、このシリーズの第十六作だが、相変わらず快調である〉というのが書き出しで、さまざまな過去の赤川作品について書かれているが、『若草色のポシェット』の話はわずか一〇行足らずだ。そこに付されたマジックワード。〈滾々《こんこん》として尽きない氏のアイデアは、またこんども私たちを存分に楽しませてくれるだろう〉

省エネというか手抜きというか。

逆にシリーズものの解説として秀逸なのは、杉原爽香シリーズの二七作目『肌色のポートレート』(光文社文庫／二〇一四)だろう。担当は推理小説研究家の山前譲だ。

杉原爽香シリーズは、ひょんなことから事件に巻きこまれた中学三年生の杉原爽香を主役に、一年に一作ずつ発表されてきた文庫オリジナルのシリーズだ。登場人物が新作のたびに一歳ずつ年を重ねるという趣向で、二七作目にいたり爽香はついに不惑を迎えた。

〈爽香が一児の母となり、四十歳を過ぎた……誰がこんな展開を、二十数年前の初登場のシーンで予想しただろうか〉と感嘆しつつ、山前は全作品の概要を要領よく紹介し、爽香の人生をたどってみせる。「杉原爽香、四十歳までの歩み」と題されたスペシャル版の解説だ。

ちなみに山前譲は赤川作品の解説王で、『セーラー服と機関銃』(角川文庫/一九八一/改版二〇〇六)でも、バランスのとれた解説を書いている。薬師丸ひろ子の主演で映画化された有名な作品であることを念頭に置きつつ山前はいう。

〈赤川作品では「十七歳」がキーワードです。十八歳になってしまえば、いよいよ大人の世界に足を踏み入れてしまいます。その一歩手前の、まだ日々の暮しに戸惑いを持っている、繊細でナイーブな世代を、赤川さんは数多くの作品で描いてきました。七冊目の著書だった『セーラー服と機関銃』は、その第一歩だったと言ってもいいでしょう〉

十七歳が赤川次郎のキーワードだということは、赤川作品を継続的に読んできた読者でなければできない指摘だ。こういうのがプロの仕事なんだよね。

**赤川次郎は風土記だった!?**

話題を変えたい。ちょっと意外かもしれないが、哲学者の鶴見俊輔が赤川次郎のファンだったことは一部の人にはよく知られた事実である。

『ふたり』(新潮文庫/一九九一)の解説で、〈赤川次郎の小説を買って読みはじめ、一〇〇ページくらい読んで、これはまだ読んだことがないとわかると、うれしい〉と告白しているほどだから、まるで女子中学生。杉原爽香シリーズ『真珠色のコーヒーカップ』(光文社文庫／二〇〇六)の解説でも鶴見はディープなファンぶりを開陳している。

〈私は、第一作『幽霊列車』から、赤川次郎の作品の数よりも多く、その作品を読んでいる。もう一度、おなじ小説を読みたくて読んでいる場合もあり、うっかり忘れておなじ作品を読んでいる場合もある。赤川さんが三百冊書いたとして、私は四百冊読んでいる〉

ところで、この解説はこの後、とてつもない場所にジャンプするのだ。

〈どうして、彼の作品を、初登場以来、読み続けているのか。私の同時代の日本に失望しているからである。／しかし、世界に先んじて原爆を二発落とされた日本を憎むことはできない。／それにしても、原爆を二発落とされて、日本よりも強いとわかってから、アメリカに従い、今はそのアメリカにいだかれて、いばって国民にむかって命令などしている。この私の国の中に暮らして、私は国民のひとりとして、自分の国に眼をそむけたくなる。／いったいどこにのがれたらいいのか。／古典として言えば、日本に残っている『風土記《ふどき》』と『風土記逸文《いつぶん》』である〉って、なんだなんだ、この脱線ぶりは。

そして話は、なぜか浦島太郎にリンクする。

『風土記』と『風土記逸文』に登場する浦島太郎は、動物虐待から亀を救い、海の中の外国でも乱暴をせず、故郷に帰って白髪の老人となり、老いをなぐさめとした。〈こういう立派な人と肩を並べられる人は、今ここに住む一億二千万人の中に、いるだろうか。／ほんとうにわずかの人を、私は思い浮かべることができるばかりである。赤川次郎の作品の中に、私はそういう人たちと出会う期待を持ち、その期待は常に満たされてきた。赤川次郎の作品は、特に杉原爽香の活躍する成長小説は、私にとって現代の『風土記』である〉

赤川次郎は『風土記』で、杉原爽香は浦島太郎。

久しぶりに読んだ「これってあれじゃん」な解説だ！

ちまちました解説のオキテなどにこだわった自分を、私はこの瞬間にちょっとだけ反省した。鶴見の解説は女子中高生に伝わるだろうか。伝わらないかもね。でも、いいのだべつに。どこかの知らないおじさんの「私は同時代の日本に失望している」という一文をたまたま読んでしまった中高生は、ともあれ何かを感じるだろう。それは一種のサプライズ。解説が哲学者とのはじめての出会いにならないとも限らないのである。

21　渡辺淳一『ひとひらの雪』

# 解説という名の「もてなし」術

**恋愛小説というよりソフトポルノ**

『化身』(一九八六)、『失楽園』(一九九七)、『愛の流刑地』(二〇〇六)。いずれも日経新聞朝刊に連載され、連載中から話題をさらった渡辺淳一のベストセラー小説だ。

『化身』はバツイチの文芸評論家が銀座の若いホステスを理想の女性に育てようと試みる中年男の恋愛譚。『失楽園』は出版社の調査室に勤務する初老の男と美貌の書道家の不倫劇。『愛の流刑地』は売れない作家と幼い子どもが三人いる主婦の不倫劇。

恋愛小説の教祖と呼ばれたナベジュンだが、物語は似たり寄ったりだ。

①中年の男(四十代〜五十代)と若い女(二十代〜三十代)が恋に落ち、②性交にふけることで女は官能に目覚めるが(←ここが読みどころ)、③いろいろあって最後は別れる。

片方または双方が既婚者の場合は不倫劇、年来の愛人などが加われば三角関係の二股劇となる。人間関係はシンプル、登場人物もシンプル。

性行為を描くのが半ば目的だから、べつにそれでもいいのである。ただし、これを論評するのは難儀である。にもかかわらず渡辺作品は膨大にあり、何度も文庫化され、いちいち解説がついている。ソフトポルノみたいな作品は、はて、どう解説されているだろう。

### 遠回りして、箔をつけて

『ひとひらの雪』(一九八三/文春文庫/一九八六)を見てみたい。

例によって物語は、中年の建築家・伊織祥一郎と妙齢の女性・高村霞との不倫劇である。伊織には別居中の妻子と年来の愛人がおり、霞には年の離れた資産家の夫と義理の娘がいる。かつて二人は美大の講師と学生という立場にあったが、その二人が一〇年ぶりにあるパーティーで再会して互いを意識する……みたいなストーリー。

解説は文芸評論家の川西政明(編集者時代には渡辺淳一の担当者だったそうだ)。

この解説は遠回りする解説の見本である。いっこうに『ひとひらの雪』の話にはならず、文学者の名前がやたら出てきて、読者を煙に巻くのである。

〈渡辺さんが、京都へ行きはじめたのは、十五年前くらいだったろうか〉と解説は書き出されるが、しばらく〈京都の「遊び」の奥は、深い〉という話が続く。

〈瀬戸内晴美さんの『私小説』に、里見弴が祇園のお茶屋で遊ぶ姿が活写されている。（略）／瀬戸内晴美さんによって描写された、里見弴のこの姿こそが、京の「遊び」の極意に達した者のあるべきひとつの姿ではないかと思う〉。ナベジュン登場せず。

〈藤枝静男さんの『志賀直哉・天皇・中野重治』というエッセイでは、「志賀氏が、天皇を（略）年長の保護者に近い眼で見ていた」ことが指摘されている。これは志賀直哉、武者小路実篤、里見弴ら「白樺派」の文学者に共通した感情であったろう〉。まだ登場せず。

〈そうした「白樺派」的な自然体とは別に、日本の美の伝統を形成したのが、谷崎潤一郎だった〉。えーっと、まだ登場しないんですか？

〈渡辺さんは、早くから谷崎文学に傾倒していた。女性の優位性と魔性に魅せられる。それは、渡辺さんの天性の資質であった。その資質は、谷崎潤一郎に通い合う〉

やった、ようやくナベジュン登場！　ここまで来るのに、どんだけ多くの文学者を動員したら気がすむのだろう。が、遠回りはまだ続くのだ。

〈ここで問題になるのが自然である。／水上勉さんの若狭。雪深い、寒村であった。この水上勉さんが背負った自然が、昭和三十年代後半に、谷崎の血脈をつぐ耽美主義の名作をうみだした〉。あれっ、また引っこむの？

〈同じ北国だが、渡辺さんが育った北海道の自然は、これとちがう。（略）札幌の歩道は、白く、冷たく、乾いている〉。やれやれ、やっと作品解説に移るのかと思ったら……。

〈『リラ冷えの街』にはじまる初期の作品には、この北海道の自然が渡辺淳一をはぐくんだものがストレートに出ている。この大自然のなかに生きる女性が、その優位性と悪魔性を存分に発揮することを描いた作品は、それまでの作家にはないもので、そこが新鮮だった〉

『ひとひらの雪』への道のりはまだ遠そうだ。

げに評論家とは恐るべきものなり。語るべき要素が少ない作品をどう語るか、という難問への、ひとつの回答がここにはある。作品そのものには深入りせず、余った紙幅はできるだけ絢爛豪華な固有名詞で埋める。天ぷらを大きく見せる「はなごろも」の技法である。

作品に言及する場合も、できるだけ抽象的な賛辞ですませる。

〈渡辺さんは、現代における情痴主義と耽美主義の新生面を拓いたというのが、私の持論である。その最も華やかな成果が、『ひとひらの雪』である〉〈ここで展開されているのは、情痴の世界である。私は「不倫」という言葉を好まぬので、情痴という言葉を使うが、これは近松秋江や徳田秋聲がその世界に落ち、名作を書いたものだ〉

誰の小説の解説なんだか、もうわかりません。
しかし、男性の評論家によるこのような典雅な解説は、めっきり少なくなった。すでに何度も文庫化されている渡辺文学。現在の文庫ではまったく異なる風景が出現しているのだ。

**まるでセクシートーク**

二〇〇〇年代以降の文庫において、解説に起用されているのは（渡辺淳一も選考委員を務めていた）直木賞受賞者を中心とした女性作家たちである。
つべこべ論評する前に、現物を読んでいただこう。
〈「君は、ちゃんと恋愛をしているかね」／ある時、渡辺さんがおっしゃった。〉〈「まさか、私なんかが、恋愛なんてもう無理です」／「人間が死ぬ時、思い出すのはどれだけお金を儲けたとか、高い地位を手に入れたとかじゃない。かつて好きだった人と、ふたりで歩いていた時、空がきれいだった、そういうことだよ」／どう答えていいかわからず、言葉を探していると、呆《あき》れたように笑われた。／「そんなことじゃ、いいものが書けないよ」〉（『ひとひらの雪』集英社文庫／二〇〇九）
〈以前、文学賞のパーティでお目にかかったときのこと。私はちょうど、性愛をテーマにした『W／F　ダブル・ファンタジー』という小説を上梓したばかりだった。渡辺氏から、今度の作品はいいよ、よくあそこまで書けたね、どうしたの？　と訊《き》かれ、じつは少し前に別れて独りになりました、と答えたところ、おお、と破顔して肩を叩かれた。／「それはよかった！素晴らしいことだよ、おめでとう」〉（『化身』集英社文庫／二〇〇九）

前者の解説は直木賞作家の唯川恵、後者は同じく直木賞作家の村山由佳である。

ナベジュンはパーティーで女性作家に恋愛指南をするのが趣味だったのか。渡辺と同じ直木賞選考委員の林真理子も、似たようなエピソードを披露する。

〈「林君、小説家にとっていちばんむずかしくて面白いことは、男と女の情痴を書き尽くすことなんだよ」／渡辺先生がそうおっしゃったのは、ある文学賞の選考会でご一緒した、札幌でのことだったと思う。（略）ちょうど先生は「失楽園」の準備を始めていらした頃だったはずだ〉（『うたかた』集英社文庫／二〇〇九）

以上の解説から感じられるのは「もてなしの精神」である。もてなしているのは解説者。もてなされているのは作家である。「まあセンセ、お久しぶり。ねえ、覚えていらっしゃる？あのとき、センセったらこうおっしゃったのよ」

もちろん作家の性愛観を伝える意味で、かようなエピソードに意味がないとはいわない。いわないが、文壇の大御所と女性作家のセクシートーク。文庫解説が社交の道具に使えるとは、まさか思いませんでした。

そもそも女性作家にナベジュンの解説を任せること自体、私には暴挙に思われる。ナベジュンが描く女性像や恋愛像は、ぶっちゃけ男の幻想か妄想の賜《たまもの》で、今日の女性読者には違和感のほうが強いはずだからだ。しかし、そこは浮き世のしがらみ。もしもあなたが直木賞作家で、直木賞を授与してくれた選考委員（ないしその代理人）に解説を依頼されたら断れます？

そこで作家は知恵をしぼった。たとえ賛同はできなくても、褒めず殺さず作品を立てる高等テクニックがあるはずだと。そこで開発されたのが、以下のような技だった。

**褒めず殺さずの高等テク**

まず「男女の差」をあえて強調してみせる作戦。

〈男は現象で、女は存在である。／そんなことを唱えた人も、確か脳の学者であったと記憶する〉〈渡辺淳一さんは私が書くまでもなく、医師としての経歴をお持ちの特異な作家である。（略）／そうなれば著者こそが、本来は、どこかにどっかりと根を生やして「存在する」女たちの生理を、もっともよく知るお一人であろう〉（谷村志穂／『愛の流刑地』幻冬舎文庫／二〇〇七）

〈この会話にふと、ポール・ボウルズ「シェルタリング・スカイ」の冒頭の一節を思いだした〉〈女は旅行者《トラベラー》で、男は観光客《ツーリスト》――。／そう考えると、男が性愛の相手を違えたがる理由に、ある種の理屈が生まれてくる。快楽というみじかい旅の、最後の景色がいつも同じとなれば、行き先を変えてみたくなるのは生理的必然かもしれない〉（桜木紫乃／『くれなゐ』文春文庫／二〇一二）

〈渡辺さんの描く男女は、ずっと以前から今に至るまで、きちんと「区別」を与えられている。近著『欲情の作法』で渡辺さんは、その区別を「挿入する性」と「される性」と表現されている。これほど明確な区別はない、と思う〉（角田光代／『くれなゐ』集英社文庫／二〇〇九）

角田光代の解説など、もはや半分ヤケッパチである。

しかし、「男女の差」だけでこれだけの論理を展開できるのだから、みなさん、やっぱプロ。彼女たちが賢いのは「男女の差」を誰かの言説に仮託している点だろう。自分は納得しないが「あえて理解しようとすれば」という限定つきの解説なのだ。

もっと大人な作家になると、さらに高等なテクを観察できる。

〈男としてのステータスや成功に目をつぶって、たった一人の女に走る。しかも彼女は人妻である。愚かだ、と周囲の男たちに嘲笑され、憐れまれる。愚弄される。それでもその女に向かっていく気持ちは、つゆほども揺らがない。それこそが生来のオスの本能だったのではないか、と私は考える〉（小池真理子／『失楽園』角川文庫／二〇〇四）

〈バタイユによれば、文学が実存のエロティシズムに勝利することなどありえない。より良く闘った痕跡として――すべての優れた文学がそうであるように――このエロティシズムと死の文学は、長く記憶され続けるだろう〉（高樹のぶ子／『失楽園』講談社文庫／二〇〇〇）

性愛に特化したポルノチックな作品をあえて賞揚する。人間は愚かな動物で、性愛に溺れちゃうものなのよ、と開き直って宣言してしまうのだ。

林真理子はナベジュンの最晩年の作品の解説でこう書いた。

〈ある時、会うやいなや渡辺先生は興奮したようにおっしゃった。／「林君、僕はね、すごい発見をしたんだよ」／「えっ、何ですか」／「女を歓ばすには、挿入なんて何の意味もないってことをね」／「はあ…」／「君だってそうだろ。ヘンなもんが体の中に入ってくるよりも、指でじっくり愛してもらった方がずっといいだろ」〉（『愛ふたたび』幻冬舎文庫／二〇一五）

相変わらずのセクシートークだが、林は臆せず続ける。

〈この小説をお書きになった時、先生は八十歳になろうとしていた日本文学界の重鎮である。（略）しかもこの頃はもう病いに侵されていて、体調も充分とは言えなかったはずだ。／それな

のにこの小説にあるのは、／「女とちゃんとヤリたい」／という願望のみである〉

もしかしてこれ、けなしてない？

夜の銀座のコミュニケーション術にも似た、社交としての解説術。が、ここまで書いてきて気がついた。彼女たちは解説で「ナベジュンにパーティーでセクハラされた」といわば暴露しているのである。これぞ最大の高等テクかも。

22　竹山道雄『ビルマの竪琴』／壺井栄『二十四の瞳』／原民喜『夏の花』

# 彼と彼女と「私」の戦争

## 戦争の時代を描いた名作

戦後七〇年以上がたち、戦争の記憶の風化を心配する声が上がっている。小説、映画、ノンフィクションなど、さまざまなメディアを通して、私たちは戦争を学んできた。国語の教科書にも戦争を描いた作品が載っているし、八月になればアジア太平洋戦争や広島&長崎の原爆にちなんだテレビ番組が必ず放映される。戦争関係の書籍も多数出版されている。日本人はけっして「戦争を忘れた」わけではないのである。

しかしながら問題は、戦争の時代の語られ方だ。

戦争がからんだ作品として、敗戦後、比較的早い時期に書かれたのは竹山道雄『ビルマの竪琴』(一九四七)や壺井栄『二十四の瞳』(一九五二)だった。

何度も映像化されたロングセラー。文庫カバーの紹介文はこんな感じだ。

〈戦場を流れる兵隊たちの歌声に、国境を越えた人類愛への願いを込めた本書は、戦後の荒廃した人々の心の糧となった〉(新潮文庫版『ビルマの竪琴』一九五四)

〈戦争がもたらす不幸と悲劇、そして貧しい者がいつも虐げられることに対する厳しい怒りを訴えた不朽の名作〉(角川文庫版『二十四の瞳』一九六一)

まずこの二冊を、解説とともに読み直してみよう。

## アジアへの視点を欠いた戦場小説

『ビルマの竪琴』は、ビルマ戦線でイギリス軍の捕虜になった日本のある小隊を描いて感動を呼んだ児童文学作品だ。初出誌は児童雑誌「赤とんぼ」。

小隊の隊長は音楽学校を出て間もない若い音楽家で、兵士たちに合唱を教えた。「埴生の宿」「庭の千草」「野ばら」。戦争が終わったことを知らない彼らは、ある日突撃命令を待っていた。すると森の向こうからイギリス兵が歌う英語の「ホーム・スイート・ホーム」が聞こえてきた……。この小隊を中心に、戦死した戦友たちの骨を拾うために隊を脱走して僧になり、現地に残る水島上等兵をからめて物語は進行する。

新潮文庫版『ビルマの竪琴』の解説は文芸評論家の中村光夫。作品は子ども向けだが、これは完全に大人向けの解説である。

中村は作者の心を斟酌《しんしゃく》する。〈竹山氏の心底には、この世相にたいする憂慮と、虚脱し荒廃した人々の心に、なんとか生きる道を見出させ、希望と信頼を復活させたいという意思がみなぎっていたので、この大胆なフィクションはその所産です〉

旧制一高の教師だった竹山道雄が、教え子たちを含む戦没学生への鎮魂としてこれを書いたのは有名な話。同じ新潮文庫版に収録された「ビルマの竪琴ができるまで」で竹山は、執筆の動機を明かしている。

〈戦死した人の冥福を祈るような気持は、新聞や雑誌にさっぱり出ませんでした。人々はそういうことは考えませんでした。それどころか、「戦った人はたれもかれも一律に悪人である」といったような調子でした〉。それが竹山には我慢できなかったのだ。

とはいえ、戦場を舞台にしていても『ビルマの竪琴』は、実際にはあり得ない状況を描いたファンタジーに近い。そのため今日まで数々の批判にさらされてきた。日本軍の真実を伝えていない。ビルマ戦線の惨状とはかけ離れている。日本兵と英兵の和解を描いているだけで、真の被害者であるビルマ人への視点がない、現地の習俗がまちがっている（人食いや首狩りまで登場する）、ひいてはアジア蔑視の視線から逃れていない……。

それでも『ビルマの竪琴』が今日まで版を重ね、人々に愛されてきたのはなぜなのか。理由は中村の次の一文に凝縮されていよう。

〈この小説がたんなる戦場物語でないのは、そこに人間の生活と芸術との関係が、極度に単純化された形で、本質的に捕えられているからです〉

つまり戦争小説ではない、と。同時に中村は意味深な一言を記している。

〈作者が極力この物語がいわゆる思想的言辞でみだされるのを避けているにもかかわらず、読後にわれわれは、ひとつの思想小説としての感銘をうけることです〉

思想小説！　この単語を目にし、唐突だけど私は『三四郎』の系譜を思い出した。例の「若衆宿」の件である（一七四ページ参照）。ビルマの戦場で合唱する麗しい部隊も、旧制高校文化につながる「知的な男性の集団」の伝統を引き継いでいないか？

**主題は「知識人の苦悩」だった!?**

『二十四の瞳』はどうだろう。

小豆島とおぼしき瀬戸内の島を舞台に、師範学校を卒業したばかりの新米の女性教師・大石先生と一二人の教え子を追った物語。一九二八（昭和三）年から、戦争を挟んだ一九四六（昭和二二〇年までの一八年間が断片的に描かれる。

角川文庫版『二十四の瞳』の解説は、文芸評論家の（というより佐多稲子の別れた夫といったほうがわかりやすい？）窪川鶴次郎である。

この解説も完全に大人向け。しかもこの解説は、いま読むとかなり珍妙だ。物語冒頭近くの〈なにしろ昭和三年である。普通選挙がおこなわれても、それをよそごとに思っているへんぴな村のことである〉という本文をとらえて窪川は書く。

〈普選法の成立した大正十四年（一九二五年）に、同時に他方では治安維持法が成立している。また昭和三年二月、さいしょの普選による衆議院議員の選挙が行われたが、これに対して翌三月、四月には、左翼陣営の大検挙が行われ、治安維持法改正が緊急勅令により公布され、無期・死刑が追加されている〉

時代背景を説明した「社会科系の解説」としては悪くない。しかし、窪川にとっての戦争は「思想弾圧の時代」であって、それ以外ではないらしいのである。

日中開戦から敗戦までの年表的な事実を列挙した後、窪川は再び書く。

〈敗戦とともに、占領下の制約のなかで、いちおう言論・集会結社・出版・思想の自由が認められた〉。しかし、昭和二五年には情勢が変わった。朝鮮戦争がはじまり、警察予備隊が設置された。そして〈民主陣営に対して、官公庁のレッド・パージがはじまった。パージは広く共産党や労働組合の活動家に及んだ〉。

窪川鶴次郎はプロレタリア文学作家だし、壺井栄もその系譜につらなる作家だから、こうなるのはやむを得ないとも思いつつ、児童文学の解説としては違和感が残る。左翼臭が強いというか、知識人臭が鼻につくというか。だが、違和感は発見の源。この解説のおかげで、私は気がついたのだ。学校を舞台にしているとはいえ、『二十四の瞳』は戦争に巻きこまれた「知識人の苦悩」を描いた作品だったんじゃないか……。

なにしろ主人公の大石先生は、同僚が「赤い教師」として逮捕された後、教室で子どもたちに〈プロレタリヤって、知ってる人？〉〈資本家は？〉などと質問するような人物だ。〈まい日まい日忠君愛国……〉〈わたしはわたしなりに一生けんめいやったつもりよ。ところがどうでしょう。男の子ったら半分以上軍人志望なんだもの。いやんなった〉とばかり、学校を辞めてしまうような女性である（まだ昭和八年なのに！）。

『ビルマの竪琴』も『二十四の瞳』も、一言でいえば「鎮魂の物語」だろう。

戦後民主主義的な価値観に沿って先の戦争を相対化し（あるいは葬り去り）、読者に癒しを与える。あり得ない設定で兵士を慰撫し、戦死者を追悼し、戦時体制をやんわりと断罪する。しかも、その根底にあるのは「知的な男性集団」や「知識人(教師)の苦悩」という、明治以来の日本文学の伝統だ。そりゃあ愛読もされるわね。

## 「自然現象の中の私」を描く技法

もう一編、少し毛色の異なる戦争文学を見ておきたい。広島での原爆体験を描いた原民喜『夏の花』(一九四七)である。原爆文学の最初の作品とされ、現在は高校の現代文の教科書の定番教材。文庫収録率もきわめて高い。

岩波文庫版『小説集 夏の花』(一九八八)の解説は文芸評論家の佐々木基一。雑誌「近代文学」の同人として原民喜に原稿を依頼した張本人だ(さらにいえば、彼は原民喜の妻・貞恵の弟だった)。解説は自身と作者の手紙を通して作品が発表されるまでの経緯を明かした、いわばバックステージものである。講談社文芸文庫版『原民喜戦後全小説』(二〇一五。解説は関川夏央)は作家の人となりと作品の背景を押さえた教科書的な解説。集英社文庫版『夏の花』(一九九三。解説は藤井淑禎《ひでただ》)は、原民喜が原爆被災直後に書き留めたノートと作品の該当部分を突き合わせ、小説化への過程をたどったややマニアックな解説だ。

このなかで、もっとも情緒的なのが、新潮文庫版『夏の花・心願の国』(一九七三)に寄せられた大江健三郎の解説だ。この本は戦後に書かれた『夏の花』以降の作品だけを集めた文庫オリジナルで、責任編集も大江である。

若い読者に向けてこの本を編んだと大江はいい、その理由を二つあげる。

第一の理由は〈若い読者がめぐりあうべき、現代日本文学の、もっとも美しい散文家のひとりが原民喜であると僕が信じていることである〉。第二の理由は〈原民喜が原子爆弾の経験を描いて、現代日本文学のもっとも秀れた作家であることである〉。

もっとも美しい散文と、もっとも秀でた原爆文学。当たり前すぎて、何もおもしろくない。『夏の花』は、いま読むと、奇妙な感慨にとらわれる作品だ。

〈私は黙って便所へ這入った。／突然、私の頭上に一撃が加えられ、眼の前に暗闇がすべり墜ちた。私は思わずうわあと喚き、頭に手をやって立上った。嵐のようなものの墜落する音のほかは真暗でなにもわからない。手探りで扉を開けると、縁側があった〉

原爆投下の瞬間をとらえた描写だが、完全な虫瞰図。この後、「私」は外で凄惨な光景を目にするが、最後まで戦争を描いているのか災害を描いているのか、区別がつかない。当然だろう。この時点で「私」は何が起きたか把握していないのである。

集英社文庫版『夏の花』の「鑑賞」で、作家のリービ英雄は、この不思議な文体に着目した。

英語を母語とし、日本語で小説を書く作家だからこその発見ともいうべき、これは卓越した『夏の花』論だ。ユダヤ人虐殺を例にとって、リービは書く。

〈言葉に出来ないほどの無残さからは言葉の芸術である文学が生まれない。それはあまりにも当然なことではないか。そう考えつづけてきたぼくは、日本には「原爆文学」というものがある、とはじめて知ったとき、本当におどろいた〉

なぜそれが可能になったのか。リービはいう。〈西洋と違って、近代の日本文学の中では、フィクションとノンフィクションの区別がそれほどはっきりしなかった。（略）昭和十年代から二十年代にかけて、「小説」とも「回想文」とも「紀行」とも読める、きわめて質の高い散文の中で、「自然現象の中の私」が「文学」の大きな流れとなった〉。その流れに『夏の花』も乗っている。このような文学が可能になったのは〈私小説という近代の伝統〉〈「自然現象の中の私を書く」という近代日本文学の手法が働いているからである〉。

すぐれた解説は、読者の視野を広げる。『夏の花』に対するこの論評は、大岡昇平『俘虜記』（一九四八）にも当てはまる。私小説ではないが、実在の人物の日記を下敷きにした井伏鱒二『黒い雨』（一九六六）にも当てはまる。私たちが慣れ親しんできた戦争を描いた（とされる）文学は、まったく日本的な文脈の中で書かれ、愛され、消費されてきたのかもしれない。

〈真の作家にとっては、かれの生涯が唯一であるように、生涯をかける文学の主題もかぎられたものなのである。深いか浅いか、それのみが問題だ〉

『夏の花』に対して、大江健三郎は右のように論評する。何のてらいもない私小説肯定論である。対するリービ英雄は、その背景にまで筆を進める。

〈あの八月六日の朝から、一つの、想像を絶する体験について、誰もが、否応なしに、想像せざるを得なくなった。その事実があるからこそ、証言と予言が表裏一体となっているこの不思議なテキストが「文学」として成り立つのではないだろうか〉

痛いところを突かれた感じ。大きな辛い物語を共有する国民。だから自分にも他者にも国家に対しても戦争責任が追及できないんだ、といわれているような感じがする。

## 23 野坂昭如『火垂るの墓』／妹尾河童『少年H』／百田尚樹『永遠の0』

# 軍国少年と零戦が復活する日

### 不幸な子どもと立派な非国民

戦争の語り方は、七〇年代を境に変わった。ベトナム戦争や公害など、近代の矛盾に直面したことで、日本人もちっとは反省したのである。

中沢啓治『はだしのゲン』の連載が少年マンガ誌ではじまったのは一九七三年、山中恒「ボクラ少国民シリーズ」がスタートしたのは一九七四年、高木敏子『ガラスのうさぎ』が出版されたのは一九七七年。年々遠ざかる戦争、子どもたちに現実を伝えなくては、と考える大人が増えたのだろう。国語の教科書に戦争教材が載るのもこのころからだ。

野坂昭如《あきゆき》『火垂《ほた》るの墓』(一九六七)が書かれたのは、その少し前。さらにその三〇年後には、妹尾河童《かっぱ》『少年H』(一九九七)が大ヒットを記録した。

子どもを主人公にした戦争文学には、大きく二つのタイプがある。

ひとつは戦争末期の悲惨な体験を描いた「不幸な子ども」型。父が戦死し、母は空襲(原爆を含む)で命を落とし、親を失った子どもが悲惨な体験をする。今西祐行『一つの花』(一九七五)、あまんきみこ『ちいちゃんのかげおくり』(一九八二)など、国語教科書の戦争教材はほぼこのタイプ。『火垂るの墓』もこれである。

もうひとつは戦争に批判的な目を向ける人物を視点にした「立派な非国民」型。毎年八月に放映されるテレビドラマなどにはこの手が多い。『二十四の瞳』も、いぬいとみこ『木かげの家の小人たち』(一九六七)もこっちに近い。『少年H』もこれである。

戦争を知らない子どもたちに厭戦気分を植え付けるという点で、どちらも反戦平和教育に一定の役割を果たしたのは事実である。解説には何が書かれているだろうか。

## 「谷間の世代」の屈託

『火垂るの墓』は一九四五年六月五日の神戸空襲で母を亡くした一四歳の兄と四歳の妹が絶望的な飢えの中で死を迎えるまでを描いている。本来は児童文学ではなく、子どもには難解と思われる文章で書かれた短編小説だが、一九八八年にスタジオジブリがアニメ化したことでにわかに国民的な人気に火がついた。

新潮文庫版(一九七二)の解説は文芸評論家の尾崎秀樹《ほつき》。

この解説のポイントは二点ある。一点は、自身も一歳四カ月の妹を栄養失調で亡くした作者・野坂の証言として、次のような言葉を拾っていることだ。

〈ぼくはせめて、小説『火垂るの墓』にでてくる兄ほどに、妹をかわいがってやればよかったと、今になって、その無残な骨と皮の死にざまを、くやむ気持が強く、小説中の清太に、その想いを託したのだ〉

もう一点は、野坂らの世代の戦争体験について記していること。

〈昭和五年に生れた昭如は、生れて一年後にいわゆる満洲事変がおこり、小学校に入学した年に盧溝橋事件がはじまり、中学のときに太平洋戦争が終っている。もう少し早く生れていれば、特攻隊員として散華していたかもしれないし、もうすこしあとに生れれば、学童疎開で田舎へ行き、飢餓をとおして戦争を実感したかもしれない。しかし彼の世代は、戦争と戦後の陥没地帯に似て、そのどちらにもついてゆけず、既成の権威や秩序が音たててくずれるのを、その目で見、その肌で感じた世代ということになる〉

作品を読むのに個人史は邪魔だと私は思っているけれど、戦争体験は世代によって異なり、それが作品にも影響する。これは貴重な「社会科系の考察」と見るべきだろう。

〈それまで支配的であった八紘一宇や一億玉砕が消えると、今度は民主主義や平和憲法がたちあらわれ、この世代はその言葉のハンランのなかでとまどい、生き恥さらすわけである〉と尾崎は書く。〈生き残ったということが、うしろめたさに通じるような、そういうおびえ〉が、彼ら「谷間の世代」の特徴だと。

大人向けに書かれたこの解説を読むと「不幸な子ども」を描いた戦争児童文学というイメージの背後にある、作家の屈託が浮かび上がる。妹にもっとよくしてやればよかった。自分も死ねばよかった。野坂はつまり「こうありたかった少年像」を書いたのだ。

では、三〇年後に書かれた『少年H』はどうだろう。

『少年H』は「少年H」こと主人公の妹尾肇の目で戦争の時代を描いた自伝的長編小説。一九三七年の日中開戦前後から、Hが中学を卒業する一九四七年までの物語である。

興味深いのは、『少年H』が『火垂るの墓』と同じ神戸を舞台に、『火垂るの墓』の主人公と同じ一九三〇(昭和五)年生まれの少年を主人公に、同じ時代を描いていることだ。ともに自伝的要素が強いのも共通点(ちなみに野坂と妹尾も主人公と同じ一九三〇年生まれ)。少年Hは一九四五年三月一七日の神戸空襲で被災している。

だが、読後感はまったくちがう。『火垂るの墓』に比べると『少年H』には驚くほどに屈託がない。不幸の塊みたいな『火垂るの墓』とはちがい、『少年H』では学童疎開をしていた妹を含め、一家四人全員が戦火をかいくぐって生き延びた。でも、最大の差はそこではない。この一家はあまりに正しく、あまりに何もかも把握しているのである。

Hは日米開戦に際し、〈大和魂だけで勝てるのか？　アメリカは天まで聳えるビルがぎょうさん建っている国やで〉と考えるような少年である。

空襲の際にはヒーローのように母を守って火の中を雄々しく避難し、四五年八月一五日にはこんなことまで考える。〈天皇陛下がもっと早く決断をくだしてくれていれば、原子爆弾の投下はなかったはずだし、それがもう五ヵ月早ければ、Hの家も焼けなかったはずだった。／全国でいったい何軒焼け、何人の人が戦争で死んだり傷ついたりしたのだろう？／Hは、天皇陛下に責任があると思った〉

すごい洞察力！　タイムマシンで戦後から来た少年みたい。

そんなわけで、単行本の発売当時、私は半ばあきれ、半ば苦笑しながら『少年H』を読んだのだったが、上下二巻の講談社文庫版（一九九九）を見てまた驚いた。この本は文庫界きっての過剰解説物件。上巻にも下巻にも、解説的な文章が山ほどついていたからだ。

## 絶賛解説が次々と

上巻の巻頭を飾るのは、著名な三名の作家の推薦文だ。
〈この『少年H』は後々の世に残る一冊である〉(立花隆)
〈逞しく繊細な「少年H」に会わせたい〉(澤地久枝)
〈痛快活劇大ロマン小説！　である〉(椎名誠)

上巻で、巻末の解説を書いているのは作家でエッセイストの阿川佐和子だ。妹尾に「戦争体験を書くべきだ」と勧めたのは立花隆と澤地久枝だったという裏話を明かしつつ、阿川は〈河童さんが幼い頃から今と同じ性格だった〉からだろうと推察している。〈たとえ非常時であろうともヘンだと思ったら率直に疑問を投げかけ、決して風潮に流されず、幼いながら合理的に客観的にモノの本質を捉えようとする。そんな少年の目に映ったあの時代を記録することが、どれほど貴重であるかを、立花さんも澤地さんも見抜いていらしたのだろう〉

ふむ。Hは実際にも、時代の空気に流されぬ天才少年だったらしい。

対する下巻の解説は井上ひさし。こちらは作者と同世代(妹尾の四歳下)の作家の目から、あの時代がどれほど狂っていたかを子ども向けに解説する。

〈坂のある美しい街にいた少年Hも、東北の山間《やまあい》の小さな町にいた少年Iも、そしてそのころ日本国中にいた少年少女たちはみんな、毎日のように、大人たちから、「きみたちは二十前後で死ぬだろう」と言われつづけていました。「ある者は特攻隊となって敵軍へ突っ込み、そうでないものも本土決戦で御国《みくに》の御盾《みたて》となって死ぬ。女の子も竹槍を構えてアメリカ兵と刺し違えるのだ」〉〈あのようなひどい標語を二度と招き寄せないためにも、この本はうんと読まれるのがいいのです〉

解説的な文章はしかし、これだけでは終わらない。さらにこの後、ダメ押しのように「『少年H』の反響」として、雑誌や新聞に載った書評の一部が紹介されるのだ。

〈いいものは尊敬熱愛し、いやなものは批判攻撃する。小気味のよい生き方である〉(小田島雄志／『波』)、〈戦争というものを、河童少年の目で見事に俯瞰してみせた〉(嵐山光三郎／『Views』)、〈子供にそこまで詳しく記憶されていては、大人のごまかしがきかんやないか、と言いたくなるような記録性〉(清水義範／『週刊朝日』)、〈戦時下の生活のディテールとそこに暮らす人びとの息づかいが、少年の目を通して、イキイキと見えてくる〉(島森路子／毎日出版文化賞特別賞選評)、〈後世に残すべき名著であると同時に、貴重な生活資料です〉(鴨下信一／『週刊現代』)、〈いわゆる戦争児童文学と異なり、戦争を引き起こした大人の愚かしさが活写されている〉(酒寄進一／共同通信配信）、〈論説委員室の恒例の自由な議論の中で、最年少の女性の同僚がこの本について語った。／「これを読んで、あの戦争について、はじめて等身大の理解ができたような気がしています」〉（朝日新聞九七年八月一五日社説）。

上下巻の解説と推薦文と反響をあわせて全一〇本。しかも執筆しているのは並みいる著名な文化人。豪華絢爛すぎるでしょ。翼賛的な絶賛体制と呼びたいほどだ。

『少年H』には史実の歪曲があるなどとして、『間違いだらけの少年H』（一九九九）で山中恒が痛烈に批判したのは、一部でよく知られた話である。

『少年H』の違和感は、戦後民主主義の価値観から、物語の中では現在進行形の戦争を批判していることに由来する。その眼差しを介せば、主人公の一家以外はみんな「軍国主義に侵された愚かな者たち」だ。聡明すぎる少年の視点で戦争を描いた『少年H』は、子ども版の「知識人の苦悩」小説といってもいいかもしれない。

なぜ、こんなことになったのか。

『火垂るの墓』で野坂昭如は「こうありたかった少年像」を描いた。もしかして、妹尾河童も「こうありたかった少年像」を描いたのではないか。戦争の欺瞞を鋭く見抜き、母を雄々しく守り、敗戦の日に天皇の戦争責任に思いを致すような少年を。

このような物語は読者に歓迎される。「日本人はみな本当はHのように戦争に反対したかったのだ」という気分を共有することで、庶民の戦争協力責任は免責されるからである。

戦争を描いた、特に児童文学の特徴をまとめておこう。

①戦争の結果は描くが、戦争をはじめた原因への言及はない。

②被害者視点に立つあまり、庶民の戦争協力は「愚かな民の愚行」として片づけられる。

③銃後の暮らしだけに光が当たり、戦地への想像力が働かない。

戦後の反戦平和教育は、だいたいこういう方針で進んできた。おかげで日本の少年少女には少なくとも五〇年間は戦争を憎む心が育った。それ自体は悪くなかった。

だけど、おんなじことばかりいってると、だんだん「念仏」になってくるのよね。

『少年H』につけられた解説&推薦文の山が象徴的だ。戦後民主主義的な価値観が当たり前になりすぎた結果、この物語に違和感を持たない人がそれほど増えたということである。まるで反戦平和思想の大安売り。これじゃさすがに飽きるでしょう。

だからこそ、このすぐ後に歴史修正主義が台頭したのじゃなかったか。その傍証が、『少年H』が出版された翌年に、小林よしのり『新・ゴーマニズム宣言SPECIAL戦争論』(一九九八)がベストセラーになったことだろう。そしてさらにその一〇年後には——。

**解説が隠蔽するもの**

別の戦争文学がミリオンセラーを記録した。

百田尚樹のデビュー作『永遠の0』(二〇〇六。ヒットしたのは文庫化の後)である。講談社文庫版(二〇〇九)も含め、五〇〇万部超のベストセラーだ。

『永遠の0』が爆発的にヒットした理由は簡単。戦後の児童文学や戦争教材が描かなかったもの、封印してきたものを描いたからだ。

『永遠の0』は単純な戦争讃美小説ではない。天才的な戦闘機のパイロットでありながら「生きて帰りたい」が口癖で、にもかかわらず特攻で命を落とした祖父・宮部久蔵。物語はその真実を追って、孫に当たる姉弟が生還した戦友たちを訪ね歩く形をとる。

講談社文庫版『永遠の0』の解説は読書家として知られる俳優の児玉清だ。

〈『永遠の0』と出逢えたときの喜びは筆舌に尽し難い。それこそ嬉しいを何回重ねても足りないほど、清々しい感動で魂を浄化してくれる稀有な作家との出逢いに天を仰いで感謝の気持を表わしたものだ〉とまで児玉は書く。〈読みはじめて暫《しばら》くして零戦《ぜろせん》パイロットにまつわる話だと徐々にわかってきたとき、僕の胸は破裂するほどの興奮に捉われた〉〈僕の夢、いや当時の僕と同じ子どもたち全員の夢といってもいいのが、少年航空兵として一日も早くお国のために役立つことだったし、零戦のパイロットとして戦うことだったたからだ〉

『少年H』が「愚かな級友たち」の視点として片づけた価値観だが、戦中の少年の実感はむしろ児玉に近いものだっただろう。

戦闘機乗りとして並外れた技量を持ち、歴戦の勇者なのにいつも冷静沈着で紳士的。階級が下の相手にも敬語で話し、部下には「ともかく生き延びることを第一に考えろ」といい、自分の夢は「生きて家族の元に帰ることです」と公言してはばからず、にもかかわらず最後は年下の隊員の身代わりとなって特攻で戦死した男。

児玉清が興奮するのも当然だろう。元軍国少年から見て「こうあってほしい軍人像」を宮部は体現しているからだ。『永遠の0』はあんな悲惨な戦争の際にもこんなに立派な人がいたというメルヘン。『ビルマの竪琴』がメルヘンなのと同じ意味でのメルヘンだ。

宮部もまた戦後民主主義的な価値観を持った人物である点に注意すべきだろう。にもかかわらず、海軍に志願し、戦闘機に乗り、新米パイロットを指導し、敵機を撃墜する。その点について彼は何も悩まない。大人のメルヘンだから当然である。

しかし、児玉清の解説はあたかもそれが戦争の真実だったかのように読者を誘導するのである。『永遠の0』には〈戦争に巻き込まれた我々日本人は、軍人は、国民は、その間に、どのように戦い、どのように生きたのか〉が書かれている。〈国を護るために戦わなくてはならなくなった若者たちの心とは、命とは。彼ら若者たちを戦場に送り出したエリート将校たちの心は、といったこと〉が〈見事にわかりやすく〉描かれていると。

図らずもこの解説は、特攻という非人道的な戦法を発明した日本軍の暴力性と犯罪性を隠蔽する。作品を相対化する視点がまったくないから、読者はまんまと騙される。

戦時中の異端児は戦後社会のヒーローだ。『少年H』に感動した読者が一〇年後、『永遠の0』に涙する。あらまほしき銃後の少年を描いた『少年H』も、あらまほしき前線の軍人を描いた『永遠の0』も、いわば一種の英雄譚で、ゆえに多くの読者を獲得したのよ。

でもね、解説が作品に屈服したら、やっぱダメでしょ。作品の軍門に降《くだ》った解説は、読者のためにも作家のためにも作品のためにもならない。だから、ここはあえていいたい。

出でよ、闘う文庫解説！　解説は作品の奴隷じゃないのだ。

# あとがき

文庫本の巻末についている「解説」は誰のためにあるのだろう。

「何のために」は考えてみる必要があるかもしれないけれど、「誰のため」の答えは簡単だと思っていた。読者のために決まってる、と。

ところが、いざ、さまざまな文庫の解説を読んでみると、そうとばかりもいえないケースが少なからず存在することに気がついた。「読者のため」ではないとすると誰のため？　ひとつは「著者のため」、もうひとつは「自分のため」である。

具体的な事例は本文を読んでいただくとして、なぜこんなことになっちゃうのか。

文庫解説を書く側に即していうと、解説はある日突然、出版社から「依頼」されるものであって、でもその気分はそう悪いものではない。少なくともその本の著者に「認められた」ことを意味するからだ。特に相手が人気作家だったり、敬愛する作家だったりすると「よっしゃー」な気分が盛り上がる。

この「よっしゃー」が落とし穴で、著者の顔が浮かんだりするともういけない。彼や彼女に気に入られたいと思うあまり、筆は甘くなり、評価は誇大になり、無駄に褒めちぎる結果になりかねない。こうして「著者のための解説」ができあがる。

「よっしゃー」がおかしな方向に作動すると、もっとまずい結果になる。自己顕示欲がつい頭をもたげ、著者との親しさを誇示したくなる、博識ぶりを開陳したくなる、解説をダシに持論を展開したくなる……。これが「自分のための解説」だ。

こうして読者には意味不明な解説が巻末を飾ることになる。

かつてある文芸誌の編集長に「解説ってものは、元来は無名の新人作家に偉い作家がお墨付きを与えるためのものだった」と聞いたことがある。長塚節《たかし》『土』(一九一二)に付された夏目漱石の推薦文などが一例だろう。漱石はそこで〈余の娘が年頃になって、音楽会がどうだの、帝国座がどうだのと云い募る時分になったら、余は是非この『土』を読ましたいと思っている〉と書いたのだった。けだし名コピーである。

その原則がいつ崩れたかは不明だが、いずれにしても文庫解説という日本独特の(たぶん)文章が、今日の出版界では定番となった。

それをあえて俎上《そじょう》に載せたのは、第一に、文庫解説は本を読む人が日常的に目にするもっともカジュアルな批評文であること、第二に、そのわりにはちゃんと光が当たっていないのはもったいないと思ったためだ。文庫解説は批評の草刈り場なのだ。

なんだけど、もしかして私、自分で自分の首を締めてない？

三桁には届いていないものの、私自身も今日までそれなりの数の文庫の解説を書いてきたわけで、しかも白状すれば、もろもろの仕事のなかでも、文庫解説を書くのは好きだし得意なジャンルだとも思ってきた。われながら、おめでたい話である。

しかし、密かな「解説の女王」気分はガラガラと音を立てて崩れ去った。斎藤の解説は、はたしてほんとに読者に資するものだっただろうか。いやいやいやいやいや！

本書の執筆中（雑誌連載中）にも、何本か解説を書く機会があったのだけれど、冷や汗タラー、ほんと、心臓によくなかったよ。プレッシャーは押しよせるわ、雑念は入るわ、過去に書いた解説への後悔はよぎるわ。本文では偉そうにあれこれ断言している斎藤だが、すべては自戒に端を発するものと思っていただきたい。

「序にかえて」で、岩井克人『ヴェニスの商人の資本論』のなかの「解説についての解説」

を取り上げたので、これに匹敵するもうひとつの「解説についての解説」を、最後に紹介しておきたい。拙著『モダンガール論』（文春文庫／二〇〇三）に大学時代の恩師・浅井良夫氏がつけてくれた解説の一部である。

〈ダンテとか、ジョイスとか、プルーストとか、必読の名著と言われる本を買ってはみたものの、あまりの難解さ、膨大さに怯んでしまった経験は誰もが持っているものです。そうした時に、作者の生い立ちや、時代背景を興味深く描いた解説は、「我慢して読もうか」と読者を奮い立たせる効果を発揮します〉と師の解説は書き出される。

それにひきかえ、ふつうにおもしろく読める本に〈苦い薬を包む砂糖のような解説は不要としか言いようがありません〉と師はいうのである。そして〈現存作家の文庫本の解説は、何のためにあるのでしょうか？〉と問い、このような結論に達する。

〈いくつかの文庫本の解説を開いてみて、要するに「お口直し」、たとえば、焼肉を食べたあとの、ペパーミント・ガムのようなものだと納得しました〉

「お口直し」である以上は〈作者と解説者の「取り合わせの妙」ないし「取り合わせの奇妙」〉がポイントで、たとえば斎藤美奈子『読者は踊る』（文春文庫／二〇〇一）にはロシア語通訳者の米原万里の解説がついており、〈毒舌家・美奈子VS.毒舌家・万里の対決〉に〈米原万里さんならば、焼肉のあとにニンニクを出すに違いない、と思って読むと、肩透かしを食います。さすが、ちゃんとペパーミント味が、用意されています〉。

岩井氏といい浅井氏といい、経済学者というものは、なんにせよ商品の付加価値に関心を抱くのだろうか(なかなかに面倒くさい人種である)。という個人的な感慨はともかく、「解説＝ペパーミント・ガム」説は、いま読むときわめて含蓄に富んでいる。

辛い本には甘めの解説、甘い本には辛めの解説、しつこい本には爽やかな解説、硬い本にはやわらかめの解説、やわらかめの本には硬めの解説。要は「味を変えろ」「角度を変えろ」と指示しているわけで、これはある意味、解説の極意といえる。本文に対する解説の自立性を暗に支持した説ともいえる。焼肉に焼肉をぶつけてもしょうがないのだ。

文庫解説はどうあるべきかという問いに正解はない。

ただし、注意すべきは、その文庫が生き残っている限り、解説もいっしょに生き残ることだろう。どんな解説がつくかはほとんど「運の世界」である。読者としては、メディアリテラシーを磨いて、解説をも批評的に読むのが最良の対抗策だろう。

本書は岩波書店のリトルマガジン『図書』(二〇一四年八月〜二〇一六年八月)の連載に大幅な加

筆をほどこし、編集しなおしたものである。『図書』連載中は岩波書店(当時)の太田順子さん、同じく岩波書店の清水御狩さんのお世話になった。新書にまとめてくれたのは、岩波新書編集部の古川義子さんである。記してお礼を申しあげたい。

と、ここまで書いて、ふと気がついた。今後、斎藤の著書が文庫になるようなことがあった場合、誰か解説を書いてくれる人がいるだろうか。私だったら断るよね。こんなうるさそうな著者と、誰がつき合いたいもんですか。だけど、もう書いてしまったのだから仕方がない。せめて本書が文庫解説に目が向く一助となるなら、それでいいことにしたい。

二〇一六年一二月

斎藤美奈子

斎藤美奈子

1956年新潟県生まれ．児童書などの編集者を経て
現在―文芸評論家
著書―『妊娠小説』『紅一点論』『文章読本さん江』(以上，ちくま文庫)，『文壇アイドル論』『モダンガール論』(以上，文春文庫)，『戦下のレシピ』(岩波現代文庫)，『冠婚葬祭のひみつ』『日本の同時代小説』(以上，岩波新書)，『名作うしろ読み』(中公文庫)，『名作うしろ読みプレミアム』(中央公論新社)，『ニッポン沈没』(筑摩書房)，『学校が教えないほんとうの政治の話』(ちくまプリマー新書)ほか多数．『文章読本さん江』で第1回小林秀雄賞受賞．

文庫解説ワンダーランド　岩波新書(新赤版)1641

2017年1月20日　第1刷発行
2019年7月16日　第4刷発行

著　者　斎藤美奈子《さいとうみなこ》

発行者　岡本　厚

発行所　株式会社　岩波書店
〒101-8002 東京都千代田区一ツ橋2-5-5
案内 03-5210-4000　営業部 03-5210-4111
https://www.iwanami.co.jp/

新書編集部 03-5210-4054
http://www.iwanamishinsho.com/

印刷・理想社　カバー・半七印刷　製本・中永製本


ISBN 978-4-00-431641-1　Printed in Japan

# 岩波新書新赤版一〇〇〇点に際して

ひとつの時代が終わったと言われて久しい。だが、その先にいかなる時代を展望するのか、私たちはその輪郭すら描きえていない。二〇世紀から持ち越した課題の多くは、未だ解決の緒を見つけることのできないままであり、二一世紀が新たに招きよせた問題も少なくない。グローバル資本主義の浸透、憎悪の連鎖、暴力の応酬――世界は混沌として深い不安の只中にある。

現代社会においては変化が常態となり、速さと新しさに絶対的な価値が与えられた。消費社会の深化と情報技術の革命は、種々の境界を無くし、人々の生活やコミュニケーションの様式を根底から変容させてきた。ライフスタイルは多様化し、一面では個人の生き方をそれぞれが選びとる時代が始まっている。同時に、新たな格差が生まれ、様々な次元での亀裂や分断が深まっている。社会や歴史に対する意識が揺らぎ、普遍的な理念に対する根本的な懐疑や、現実を変えることへの無力感がひそかに根を張りつつある。そして生きることに誰もが困難を覚える時代が到来している。

しかし、日常生活のそれぞれの場で、自由と民主主義を獲得し実践することを通じて、私たち自身がそうした閉塞を乗り超え、希望の時代の幕開けを告げてゆくことは不可能ではあるまい。そのために、いま求められていること――それは、個と個の間で開かれた対話を積み重ねながら、人間らしく生きることの条件について一人ひとりが粘り強く思考することではないか。その営みの糧となるものが、教養に外ならないと私たちは考える。歴史とは何か、よく生きるとはいかなることか、世界そして人間はどこへ向かうべきなのか――こうした根源的な問いとの格闘が、文化と知の厚みを作り出し、個人と社会を支える基盤としての教養となった。まさにそのような教養への道案内こそ、岩波新書が創刊以来、追求してきたことである。

岩波新書は、日中戦争下の一九三八年一一月に赤版として創刊された。創刊の辞は、道義の精神に則らない日本の行動を憂慮し、批判的精神と良心的行動の欠如を戒めつつ、現代人の現代的教養を刊行の目的とする、と謳っている。以後、青版、黄版、新赤版と装いを改めながら、合計二五〇〇点余りを世に問うてきた。そして、いままた新赤版が一〇〇〇点を迎えたのを機に、人間の理性と良心への信頼を再確認し、それに裏打ちされた文化を培っていく決意を込めて、新しい装丁のもとに再出発したいと思う。一冊一冊から吹き出す新風が一人でも多くの読者の許に届くこと、そして希望ある時代への想像力を豊かにかき立てることを切に願う。

（二〇〇六年四月）

## 岩波新書より

### 随筆

| | |
|---|---|
| 声優 声の職人 | 森川智之 |
| 作家的覚書 | 髙村薫 |
| 落語と歩く | 田中敦 |
| 日本の一文30選 | 中村明 |
| ナグネ 中国朝鮮族の友と日本 | 最相葉月 |
| 子どもと本 | 松岡享子 |
| 医学探偵の歴史事件簿 ファイル2 | 小長谷正明 |
| 里の時間 | 芥川仁 阿部直美 |
| 閉じる幸せ | 残間里江子 |
| 女の一生 | 伊藤比呂美 |
| 仕事道楽 新版 スタジオジブリの現場 | 鈴木敏夫 |
| 医学探偵の歴史事件簿 | 小長谷正明 |
| もっと面白い本 | 成毛眞 |
| 99歳一日一言 | むのたけじ |
| 土と生きる 循環農場から | 小泉英政 |
| なつかしい時間 | 長田弘 |
| 面白い本 | 成毛眞 |
| 百年の手紙 | 梯久美子 |
| 本へのとびら | 宮崎駿 |
| 思い出袋 | 鶴見俊輔 |
| 活字たんけん隊 | 椎名誠 |
| 道楽三昧 | 小沢昭一 神崎宣武 聞き手 |
| ブータンに魅せられて | 今枝由郎 |
| 文章のみがき方 | 辰濃和男 |
| 悪あがきのすすめ | 辛淑玉 |
| 水の道具誌 | 山口昌伴 |
| スローライフ | 筑紫哲也 |
| 怒りの方法 | 辛淑玉 |
| 伝言 | 永六輔 |
| 活字の海に寝ころんで | 椎名誠 |
| 四国遍路 | 辰濃和男 |
| 嫁と姑 | 永六輔 |
| 親と子 | 永六輔 |
| 老人読書日記 | 新藤兼人 |
| 夫と妻 | 永六輔 |
| 商（あきんど）人 | 永六輔 |
| 活字博物誌 | 椎名誠 |
| 芸人 | 永六輔 |
| 現代人の作法 | 中野孝次 |
| 職人 | 永六輔 |
| 二度目の大往生 | 永六輔 |
| あいまいな日本の私 | 大江健三郎 |
| 大往生 | 永六輔 |
| 文章の書き方 | 辰濃和男 |
| 白球礼讃 ベースボールよ永遠に | 平出隆 |
| ラグビー 荒ぶる魂 | 大西鉄之祐 |
| 活字のサーカス | 椎名誠 |
| 新つけもの考 | 前田安彦 |
| プロ野球審判の眼 | 島秀之助 |
| マンボウ雑学記 | 北杜夫 |
| 東西書肆街考 | 脇村義太郎 |
| アメリカ遊学記 | 都留重人 |
| ヒマラヤ登攀史〔第二版〕 | 深田久弥 |